수업과 업무를
한 방에

✦ ✦ ✦ ✦

AI와
함께하는
슬기로운 교사 생활

오창석 이상용 구나은 김완근
이은주 송혁 문재원 지음

북멘토

우리는 지금, 역사상 전례 없는 시기를 살아가고 있다. 코로나 19라는 역경을 겪은 후, 우리 교육 현장은 실시간 쌍방향 온라인 교육, 메타버스, 생성형 AI, 그리고 이러한 기술들의 집약체인 AI 디지털교과서를 도입하는 등 불과 몇 년 전에는 상상조차 하지 못하던 엄청난 변화를 경험하고 있다. 혹자는 군대 다음으로 교육 현장이 보수적이라고 하기도 한다. 그러나 필자는 우리나라 교육 현장이 과거 그 어느 때보다 빠르게 변화하고 있다고 믿는다. 생성형 AI가 등장하고 나서, 생성형 AI 관련하여 이렇게 빨리, 각 시도 교육청에서 자료를 배포하고 지침을 만들며, 서점에 책이 쏟아져 나오는 나라는 전 세계 어느 나라도 없다. 필자가 지금 이 글을 쓰는 순간도 많은 자료가 쏟아져 나오고 있다. 이러한 정보의 홍수 속에 역설적이게도 많은 교사와 학부모가 혼란을 경험하며 피로감을 느끼는 경우가 많다. 이러한 맥락에서 이 책은 선별된 플랫폼으로 생성형 AI 교육 지침을 반영하여 학생들이 효과적이고 안전하게 교육받을 수 있도록 안내서 역할을 하고자 한다.

또한 이 책은 인공지능이라는, 많이 들어보기는 했지만 생소할 수도 있는 기술에 대한 두려움을 극복하고, 이를 교육 현장에서 효과적으로 활용하는 방법을 제시하려 한다. 인류는 항상 새로운 기술에 대한 두려움을 극복하며 발전해왔다. 불, 바퀴, 증기기관, 컴퓨터, 인터넷…… 이 모든 기술에 처음에는 두려움과 혼란을 느꼈지만, 결국 우리는 이를 극복하고 그 기술을 현실에 유용하게 활용하는 방법을 찾아냈다.

대표적인 예로 증기기관 발명은 인류의 삶을 극적으로 변화시켰다. 이 기술은 산업혁명을 이끌며 인류를 농업 사회에서 산업 사회로 발전시켰다. 그러나 이 변화는 '러다이트 운동'과 같이 기계를 파괴하는 저항을 만나기도 했다. 기존의 생활 방식을 유지하고 싶은 사람은 증기기관과 기계를 두려워했기 때문이다. 그러나 결국 인류는 이 기술을 받아들이고, 그 기술로 삶의 질을 향상시켰다.

20세기 초, 첫 번째 컴퓨터인 '콜로서스Colossus'가 등장한 이래 컴퓨터는 발전을 거듭하며 우리 삶을 또 다른 차원으로 끌어올렸다. 이후 인터넷이 등장해 정보의 접근성을 향상시키며, 더 빠르고 편리한 세상을 만들어냈다. 그러나 이 변화 역시 많은 저항을 받았다. 정보 공유가 사회의 기존 질서를 파괴하고 혼란을 일으킬 것이며, 인터넷의 발전으로 이룬 정보화 사회가 인간의 직업을 빼앗아 갈 것이라는 시각이 존재했다. 그러나 우리는 지금 정보화 시대에 잘 적응하면서 살고 있다.

이제 인류는 생성형 AI라는 새로운 도전에 직면하고 있다. 이처럼 거대한 시대적 흐름 앞에서, 이 기술을 두려워하거나 배척하지 않고, 그 안에 담긴 가능성을 찾아내야 한다. 그리하여 이를 홍익인간의 이념처럼 모든 사람에게 도움이 될 수 있도록 선하게 활용하기 위해 이 책을 썼다.

이 책을 통해 교육 과정과 생성형 AI 툴을 어떻게 연계할 수 있는지, 학생들과 자녀가 안전하게 이를 활용할 수 있는 방법 등을 알아볼 수 있다. 최신 생성형 AI 교육 가이드라인을 반영한 이 책이 선생님과 학부모님의 교육 현장에서 유용한 지침서가 되길 바라며, 재미있게 읽어주기를 기대한다.

또한 이 책을 펼친 독자에게는 인공지능 기술이 교육을 어떻게 변화시켰는지, 그리고 앞으로 어떤 변화가 우리를 기다리는지 깊이 생각해볼 기회가 되기를 바란다. 이 책은 그런 여정을 돕기 위한 나침반이 될 것이다.

새로운 시대가 기다리고 있다. 함께 그 길을 걸어가고 싶다.

– 인공지능교육연구회 FAI 회장, 오창석

• PART 1 •
AI 시대, 생성형 AI로 교과 교육

1장 생성형 AI를 활용한 국어 교육

· PART 2 ·

AI 시대, 생성형 AI로 교과 외 교육

일러두기

마이크로소프트는 2023년 11월 15일 대화형 AI 서비스 '빙챗^{Bing Chat}'의 브랜드명을 '코파일럿^{Copilot}'으로 변경했다. 이 책을 집필할 당시 빙챗과 주고받은 대화는 출처표기 등 시점을 고려하여 빙챗으로 표기하고, 브랜드를 강조하는 부분에는 코파일럿(구 빙챗)으로 표기했다.

인공지능과 교육

인공지능과 평범한 사람들

인공지능에 대한 사람들의 생각이 변했다. 얼마 전까지만 해도 인공지능은 가끔 뉴스에서 들려오던 기삿거리, 아주 먼 미래에나 사용하게 될 과학 영화의 아이디어 정도로 여겼다. 대중은 인공지능에 대해 모르지는 않지만 현실 삶에 활용되는 기술로 받아들이지 않았고, 관심이 그리 많지 않았다. 전문가에게 인공지능은 지속적인 연구 대상일지 몰라도 평범한 사람에게 인공지능은 먼 미래 이야기였다.

　다음 그래프는 구글 트렌드Google Trends를 이용해 한국에서 '인공지능'에 대한 검색 빈도 변화를 나타낸 것이다. 가장 검색 빈도가 많은 시점을 100으로 하여 그래프로 나타냈다.

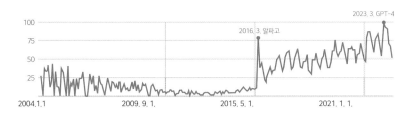

한국의 인공지능 검색 빈도 변화

2016년 이전에는 인공지능 검색 빈도가 그리 높지 않다. 그러다 2016년 3월 검색 빈도가 급격하게 치솟는다. 그 후 검색 빈도는 오르락내리락하다 2023년 3월 최고점에 도달한다. 이 두 시점을 자세히 살펴보자.

검색 빈도가 치솟은 2016년 3월에는 알파고와 이세돌 9단의 바둑 대국이 벌어졌다. 모두가 알듯, 이 대결에서 알파고는 4:1로 승리를 거두었다. 이 바둑 대결은 인공지능 기술에 대한 대중의 인식을 반전시켰다. 당시 알파고의 승리 장면은 인공지능 기술이 우리 생각보다 훨씬 앞서 있다는 점에서 큰 충격을 주었다. 이 대결을 계기로 인공지능은 전문가만 사용하는 지식이 아니라 대중이 소비하는 언어로 바뀌게 된다. 치솟은 검색 빈도가 그 증거다.

인공지능 검색 빈도가 최고점에 도달한 2023년 3월에는 OpenAI 사의 언어모델인 GPT-4가 출시되었다. 챗GPT^{ChatGPT}의 등장은 알파고 이후 비교적 잠잠하던 인공지능 분야에 커다란 돌풍을 일으켰다. 기존 언어모델과 달리 더 깊고 풍부한 대화를 할 수 있으며 전문적인 지식을 기반으로 자유로운 대화를 이어나가는 챗GPT는 많은 사람에게 충격을 주었다. 챗GPT의 등장으로 인공지능 기술은 다양한 분야에서 상업적으로 이용되며 우리 일상 곳곳에서 '인공지능 열풍'을 불러일으켰다. 다음 그래프를 살펴보면 2023년 2~3월 챗GPT에 대한 검색 빈도가 급격히 높아진 것을 알 수 있다.

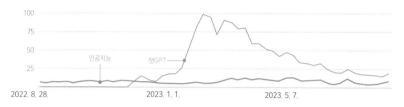

한국의 인공지능, 챗GPT 검색 빈도 변화

이제 사람들은 인공지능을 먼 미래에나 등장하는 미래 기술로 생각하지 않는다. 알파고의 등장으로 인공지능은 대중이 소비하는 언어가 되었고, 챗GPT의 등장으로 우리 삶 구석구석에서 유용하게 사용되는 실제가 되었다. 인공지능 기술의 발전은 '현재' 우리 사회 전반에 거대한 변화를 만들고 있다. 이제는 '평범한' 사람들도 인공지능을 현실 문제로 받아들이고 있다.

인공지능의 발전이 가져올 미래를 기대하는 사람도 있고 반대로 그 변화를 두려워하는 사람도 있다. 이런 기대와 두려움은 모두 사람들이 인공지능 기술을 현실로 체감한다는 증거이기도 하다. 이런 변화를 겪으며 우리가 해야 할 일은 인공지능 기술이 가져올 미래를 '준비'하는 것이다.

챗GPT

챗GPT가 뜨거운 관심을 받게 된 데에는 여러 이유가 있다. 그중 수준 높은 자연어 처리 능력과 그럴듯한 생성 능력 두 가지 측면이 가장 두드러진다.

자연어 처리 능력

GPT는 구글이 제안한 트랜스포머의 '디코더'를 겹겹이 쌓은 언어 모델이다. 언어 모델은 현재 알고 있는 단어(토큰)를 기반(자연어 이해)으로 다음에 등장할 단어를 확률적으로 예측한다(자연어 생성). 디코더는 인코더에 비해 자연어 생성에 더 뛰어난 능력을 보인다. 하지만 언어 모델의 크기가 커지면 디코더만 쌓은 GPT도 자연어 이해 능력이 상당히 우수해진다. 챗GPT는 그 언어 모델의 크기가 매우 커지면서 자연어 이해와 자연어 생성 모두에서 뛰어난 능력을 보여준다. 이 때문에 사람들은 챗GPT가 자연스러운 언어를 구사한다고 느낀다.

언어 모델의 입출력 구성요소인 인코더와 디코더

	인코더Encoder	디코더Decoder
강점	자연어 이해 (Natural Language Understanding)	자연어 생성 (Natural Language Generation)
대표적 언어 모델	구글의 BERT	OpenAI의 GPT

생성 능력

챗GPT에 대해 가장 많이 언급되는 점은 '생성형 AI'라는 것이다. 이는 입력된 명령prompt을 기반으로 완전히 새로운 콘텐츠를 만들 수 있는 인공지능이라는 의미다. 그런데 단순히 '새로운' 답변을 내놓는 것을 넘어 그 결과물이 '그럴듯'하기까지 하다. 이전 챗봇들과 달리 사용자가 보기에 매우 그럴듯하면서 새로운 답변을 내놓기에 챗GPT는 더욱 주목받고 있다.

인공지능의 분류

기존의 AI는 분석형Analytical이었다. 데이터를 분석하고, 언어를 분석하고, 사람들의 행동 패턴을 분석해 어떤 결과를 도출하는 방식의 전통적인 인공지능이 대부분이었다. 이런 분석형 AI는 특정 과제에서 뛰어난 능력을 보여준다. SNS에서 내가 좋아하는 게시물을 분석하여 비슷한 게시물을 추천해준다든지, 이미지를 인식해서 레이블에 맞게 분류한다든지, 음성을 글자로 변환하는 것이 분석형 AI를 활용한 사례였다.

반면 생성형Generative AI는 기존의 콘텐츠를 활용해 사용자 요구에 맞는 새로운 콘텐츠를 만들어낸다. 기계나 기술이 할 수 없을 것이라 믿어온 영역인 '새로운 것을 만들어내는 능력'까지 인공지능이 손을 뻗친다. 챗GPT를 비롯해 다양한 텍스트 생성형 AI가 가장 대표적이다. 그림을 그리고 동영상을 만들기도 하며 작곡을 하는 생성형 AI 도 이미 존재한다. 심지어 이미지 생성형 AI로 만든 작품이 국제 사진 대회에서 1등으로 선정되는 일*까지 있었다. 이렇듯 생성형 AI는 인 간보다 뛰어난 창작물을 만들기도 한다.

챗GPT의 열풍 이후 곳곳에서 생성형 AI가 줄지어 등장하고 있 다. 생성형 AI 열풍은 알파고 때와 그 충격이 확연히 다르다. 바둑이 라는 제한된 과제에서 열심히 학습하여 잘하게 된 인공지능은 바둑 만 잘할 수 있다. 분석형 AI는 새롭고 창조적인 일을 할 수 없었다. 그 러나 생성형 AI는 지금까지 인간만 할 수 있다고 믿어온 새롭고 창조 적인 일도 인간만큼, 아니 그 이상의 성과를 내며 수행하고 있다.

다양한 생성형 AI

이 책에서 주로 다루는 텍스트 생성형 AI 5가지 주요 특징을 살펴보 자. 인공지능 플랫폼은 지속적으로 업데이트되며 제공되는 기능이 계 속 변한다. 다음 내용은 이 책의 집필 당시를 기준으로 작성했으므로 최신 정보와는 다를 수도 있다. 또 ★로 표기한 점수는 여러 답변을 종합한 필자 개인의 견해이므로 절대적인 값은 아님을 밝힌다.

---

* 보리스 엘다크센의 작품 〈위기억: 전기기술자Pseudomnesia: The Electrician〉는 '2023 소니 월드 포토그래피 어워드'의 크리에이티브 부문에서 1위로 선정되었지만 작가가 인공지능 을 활용한 작품임을 밝히고 수상을 거부했다.

텍스트 생성형 AI의 종류와 특징

	챗GPT ChatGPT	빙챗 Bing Chat	바드 Bard	애스크업 AskUp	뤼튼 wrtn
제작사	OpenAI	Microsoft	Google	Upstage	뤼튼 테크놀로지스
언어 모델	GPT-3.5 GPT-4	프로메테우스	LaMDA	GPT-3/4	GPT-4 (다양한 버전의 GPT 선택 가능)
비용	무료 챗GPTPlus는 유료	무료	무료	무료	무료 플러스 요금제 는 유료
연령 제한	14세 미만 사용 금지[1]	13세 미만 보호자 동의 필요[2]	18세 미만 사용 금지[3]	14세 미만 사용 금지[4]	14세 미만 보호자 동의 필요[5]
접근성	가입 필수 (구글, MS, 애플)	가입 필수	가입 필수 (구글 워크스페 이스 계정은 사용 불가)	별도 가입 없음 (카카오톡, 라인)	가입 필수 (구글, 네이버, 카카오, 애플)
창의성	★★★	★★★	★★	★★★	★★★
최신성 (검색 가능)	×	○	○	○ (검색 모드)	○ (검색 모드)
정확성	★ (할루시네이션)	★★ (출처 명시)	★★★ (비교적 정확, 출처 명시 안 함)	★	★★★ (출처 명시)
한국어 처리	★★	★★	★★★ (한국어 공식 지원)	★★★ (한국 기업)	★★★ (한국 기업)
이미지 생성	×	○	× (영어 검색 시 구글 검색 이미지 확인 가능)	○	○
대화 보관	○	×	○	○	○
연속성 (앞 대화가 뒤 대화에 영향)	○	○	○	○	○

제작사와 언어 모델, 비용, 연령 제한은 공식 홈페이지 설명, 해당 인공지능과의 대화를 참고하여 작성했다.

접근성은 교실 수업에서 얼마나 활용하기 쉬운지를 기준으로 삼았다. 가입해야 하는지, 기존에 사용하고 있는 계정을 활용하여 접근할 수 있는지를 나타냈다. 현재 우리나라 대부분의 교육청은 구글 워크스페이스Google Workspace 계정 생성을 지원한다. 이 계정을 교사가 일괄 생성하고 해당 플랫폼에 활용하는 것이 가장 쉽게 접근하는 방식이다.

창의성은 그 구성요인 중 '독창성'과 '정교성'에 초점을 맞추었다. 독창성은 다른 인공지능은 제시하지 못하는 독특하고 특별한 생각, 정교성은 구체적이고 세부적인 부분까지 갖춘 생각을 의미한다. 다음은 "자고 일어났을 때 내 눈앞에 어떤 것이 보일까?"라고 질문했을 때 뤼튼과 빙의 답변이다.

? 응 ! 자고 일어났을 때 내 눈앞에 어떤 것이 보일까?

뤼튼	당신이 자고 일어났을 때 눈앞에 보일 수 있는 것들은 다양합니다. 아침에 일어나서 주변을 살펴보면 다음과 같은 장면들이 펼쳐질 수 있습니다: - 침실의 모습 : 눈을 떠서 주변을 바라보면 침대와 이불, 벽 등 침실의 인테리어 요소들이 보일 것입니다. - 창문으로 비추는 햇살: 창문으로 들어오는 햇살이 방 안을 밝혀줄 수 있습니다. 따뜻하고 환한 햇살이 당신의 공간에 채워질 것입니다. - 개인적인 소지품 : 방 안에 있는 개인적인 소지품들, 예를 들면 옷장, 서랍, 책상 등도 시선에 들어올 수 있습니다. - 가족 구성원 혹은 동거인 : 만약 가족 구성원과 함께 생활하거나 동거인이 있다면 그들의 모습을 볼 수 있습니다. - 조용한 아침의 분위기 : 아침 시간은 종종 조용하고 평화로운 분위기를 지닙니다. 조용한 아침 공기와 함께 집안에서 들리는 소리들(새소리, 부엌에서 나는 소리 등)도 느낄 수 있을 것입니다.

	당신이 자고 일어난 후 어떤 장면이 당신을 맞아줄지는 당신의 상황과 환경에 따라 다를 수 있습니다. 하지만 아침 해가 떠오르고 새로운 하루가 시작되는 순간은 언제나 기대감과 희망으로 가득한 순간입니다.
빙챗	안녕하세요, 저는 빙입니다. 저는 당신의 질문에 대해 상상력과 창의력을 발휘하여 답변을 드릴 수 있습니다. 자고 일어났을 때 내 앞앞에 어떤 것이 보일까?라는 질문은 매우 흥미롭고 재미있는 질문입니다. 당신이 어디에서 잠을 자고, 언제 일어나고, 어떤 상황이나 기분인지에 따라 답이 다를 수 있습니다. 하지만 저는 당신이 강원도에 계시다는 것을 알고 있으므로, 강원도의 아름다운 풍경과 문화를 반영하는 몇 가지 가능한 시나리오를 상상해보았습니다. 당신이 산속의 오두막에서 잠을 자고, 아침에 일어났을 때 눈앞에 보이는 것은 초록색 숲과 푸른 하늘입니다. 당신은 새소리와 바람소리를 들으며, 신선하고 맑은 공기를 마시고, 평화로운 기분이 듭니다. 당신은 오두막 밖으로 나가서 산책을 하거나, 산딸기를 따거나, 산뜻한 물을 마시며, 자연과 하나가 되는 느낌을 즐깁니다. 당신이 해변가의 펜션에서 잠을 자고, 낮에 일어났을 때 눈앞에 보이는 것은 파란 바다와 하얀 모래입니다. 당신은 파도소리와 갈매기소리를 들으며, 따뜻하고 활기찬 기분이 듭니다. 당신은 펜션 밖으로 나가서 수영을 하거나, 서핑을 하거나, 모래성을 쌓으며, 바다의 즐거움을 누립니다. 당신이 도시의 호텔에서 잠을 자고, 저녁에 일어났을 때 눈앞에 보이는 것은 불빛으로 빛나는 건물과 색색의 네온사인입니다. 당신은 차량소리와 사람소리를 들으며, 흥미롭고 다채로운 기분이 듭니다. 당신은 호텔 밖으로 나가서 음식을 먹거나, 쇼핑을 하거나, 공연을 보며, 도시의 문화와 역동성을 체험합니다. 당신이 잠든 곳과 일어난 시간에 따라 다른 풍경과 분위기를 만날 수 있습니다. 강원도는 자연과 문화가 어우러진 아름다운 곳입니다. 저는 당신이 강원도에서 행복한 시간을 보내시길 바랍니다.

이 경우 코파일럿Copilot(구 빙챗Bing Chat)의 답변이 좀 더 독창적이라고 생각할 수 있다. 대부분의 생성형 AI는 침실의 모습이나 가족 구성원에 대한 이야기를 한다. 하지만 빙챗은 위치 정보를 기반으로 존재할 가능성이 높은 주위 풍경을 묘사한다. 여느 인공지능과는 다른 관점으로 답변을 생성한다.

다음은 "우리 집 냉장고에는 무엇이 들어 있을까?"라고 질문했을 때 바드와 챗GPT의 답변이다.

?력! 우리 집 냉장고에는 무엇이 들어 있을까?

바드	안녕하세요. 저는 바드입니다. 저는 당신의 냉장고에 들어 있는 내용을 알지 못합니다. 냉장고에 무엇이 들어 있는지 알고 싶다면 직접 확인해보셔야 합니다.
챗GPT	냉장고 안에 들어 있는 음식과 식재료는 집의 생활 습관과 식사 취향에 따라 다를 수 있습니다. 하지만 일반적으로 냉장고 안에 들어 있는 항목 중 일부를 아래에 나열해 보겠습니다. - 야채와 과일 : 상추, 당근, 오이, 토마토, 사과, 바나나, 레몬 등의 신선한 야채와 과일이 있을 수 있습니다. - 유제품 : 우유, 요거트, 치즈, 버터 등의 유제품이 냉장고에 들어 있을 수 있습니다. - 육류와 어패류 : 닭고기, 소고기, 돼지고기, 생선, 해산물 등의 육류와 어패류가 신선한 상태로 보관될 수 있습니다. - 음료수 : 물, 음료수, 주스, 맥주, 와인 등의 음료가 냉장고에 들어 있을 수 있습니다. - 소스와 조미료 : 케첩, 마요네즈, 소이 소스, 마늘, 양파, 식용유 등의 조미료와 소스가 보관될 수 있습니다. - 디저트와 간식 : 아이스크림, 초콜릿, 쿠키, 스낵 등의 디저트와 간식이 냉장고 안에 있을 수 있습니다. - 음식물 저장용기 : 음식을 보관하기 위한 플라스틱 박스, 실리콘 랩 등의 저장용기가 냉장고 안에 있을 수 있습니다. - 건강식품 : 비타민, 영양 보충제, 식이 보조제 등의 건강 관련 제품이 냉장고에 들어 있을 수 있습니다. - 양념재료 : 소금, 후추, 고추장, 마늘 등의 양념재료가 냉장고 안에 보관될 수 있습니다. 냉장고 안의 식품은 시간이 지남에 따라 변할 수 있으므로 주기적으로 정리하고 만료일을 확인하는 것이 중요합니다. 집에서 무엇을 요리하고 먹을지 계획할 때 냉장고 안의 식품을 고려하면 편리합니다.

이 경우 챗GPT의 답변이 좀 더 정교하다고 생각할 수 있다. 냉장고에 있을 수 있는 다양한 것을 항목별로 분류하여 나열했다. 해당 질문에 다른 인공지능은 음식 종류를 나열하는 정도로 답변한다. 이에 비해 분류를 시도한 답변은 상당히 정교하다고 볼 수 있다.

최신성은 실시간 정보를 반영할 수 있는지, 곧 포털사이트 검색처럼 최신 정보를 바로 반영할 수 있는지를 나타냈다. 챗GPT는 2021년 9월까지의 정보만 담고 있어 최신 정보를 제공하지 못한다. 그 외 다른 생성형 AI는 최신 정보를 나름의 방법(별도의 검색 모드 제공)으로 반영하고 있다.

정확성은 얼마나 사실적인 정보를 제공하는지를 나타냈다. 기본적인 사실에 대한 오류가 잦은 경우 정확성이 낮다고 볼 수 있다. 특히 알고 있지 않은 정보를 어떻게든 끼워 맞춰 만들어내는 거짓말 '할루시네이션'이 잦은 경우 정확성은 낮다고 볼 수 있다. 또 사실적 정보를 전달하더라도 출처가 명시된 경우 더 높은 점수를 주었다.

한국어 처리는 공식적으로 한국어 지원을 표방한 구글 바드, 한국 기업이 만든 애스크업과 뤼튼에 높은 점수를 주었다. 그러나 5가지 인공지능 모두 한국어의 의미를 이해하고 답변을 생성하는 데 문제는 없었다.

이미지 생성은 사용자가 텍스트로 요청한 내용을 새로운 시각 이미지로 표현할 수 있는지를 기준으로 표시했다. 빙챗, 애스크업, 뤼튼은 이미지 생성이 가능하다. 바드는 현재 영어 질문에 한정하여, 구글에서 검색된 이미지를 제시한다. 따라서 새로운 이미지를 생성해낸다고 보기는 어렵다.

대화 보관은 사용자와 인공지능이 나눈 대화를 이후에도 볼 수 있는지 여부를 기준으로 표시했다. 대부분의 생성형 AI 서비스는 채팅방(채팅 목록) 형태로 대화가 저장되어 시간이 지난 이후에도 계정에 로그인하면 대화 내용 열람이 가능하다. 빙챗은 30가지 답변만 들을 수 있고 그 이후에는 대화 내용을 모두 지워야만 추가로 대화가 가능하다. 또 새로운 대화를 하기 위해서는 기존 대화를 모두 지워야 한다. 따라서 대화 내용을 보관한다고 보기 어렵다.

마지막 연속성은 앞선 대화가 나중 답변에 영향을 주는지를 기준으로 구분했다. 인공지능의 오류를 사용자가 지적했을 때, 다음 답변을 올바르게 수정한다면 앞선 대화가 영향을 준 것이다. 또 같은 질문을 할 때 앞선 대화가 있는 경우와 없는 경우 답변이 다르다면 연속성이 있다고 볼 수 있다. 지금까지 살펴본 5가지 인공지능은 모두 연속성이 있었으나 한 채팅방 안에서만 유효했다. 다른 채팅을 시작하면 이전 채팅에서 한 대화는 영향을 끼치지 못했다.

생성형 AI의 문제점

생성형 AI가 놀라운 성과를 내고 있다. 하지만 그와 동시에 다양한 문제점이 대두되고 있다. 지금부터 생성형 AI의 대표적인 문제점을 살펴보자.

할루시네이션

할루시네이션Hallucination은 환각이라는 뜻으로 인공지능이 스스로 알고 있다고 착각해 생성하는 거짓말을 뜻한다. 앞서 언급했듯 챗GPT

는 그럴듯한 생성 능력으로 주목을 받았다. 바꾸어 말하면 거짓말도, 잘 모르는 내용도, 사실인지 알 수 없는 정보도 '그럴듯하게' 말한다는 것이다. 높은 수준의 생성형 AI가 등장함으로써 사람이 할루시네이션을 구분해내는 것이 매우 어려워졌다. 특히 몇 가지 진실 사이에 숨겨진 그럴듯한 거짓말을 알아채는 것은 더 어렵다.

탈옥

생성형 AI는 일반적으로 윤리적인 제약이 걸려 있다. 부적절한 표현을 사용할 수 없고 비윤리적인 내용, 사람들에게 피해를 줄 수 있는 내용을 생성할 수 없게 되어 있다. 그런데 사람들은 이러한 제약을 풀어내는 방법을 찾는다. 특정 프롬프트를 제시하면 인공지능이 제약에서 벗어나 답변을 생성하는데, 이런 프롬프트를 찾아내 서로 공유하기도 한다. 할루시네이션이 인공지능의 거짓말이라면, 탈옥^{Do Anything Now}은 사람이 거짓말로 인공지능을 속여 부적절한 표현을 생산하도록 유도하는 것이다. 이를 막기 위해 인공지능 개발자들은 계속 업데이트를 진행하고, 탈옥을 시도하는 사람들 역시 다양한 프롬프트를 찾고 있다. 이러한 탈옥 방법이 학생들에게도 노출된다면 생성형 AI를 수업에 활용하는 것은 매우 부적절할 수 있다.

편향성

생성형 AI는 인간이 만든 다양한 데이터를 학습하고 이를 바탕으로 새로운 결과물을 만들어낸다. 그런데 제공되는 데이터가 편향되어 있다면 인공지능 역시 편향적인 결과를 산출하게 된다. 특히 정치적, 사회적으로 예민한 문제에서 인공지능이 특정 신념을 자신의 생각인 양 말하는 경우 문제가 될 수 있다.

인간 의존성

현재 인간의 지능을 완전히 대신할 만큼의 인공지능(강인공지능)은 존재하지 않는다. 생성형 AI 역시 사람과 떨어져 완전히 혼자서 결과를 만들어내는 것은 아니다. 인간이 제공하는 입력을 처리하여 새로운 결과를 만들어낸다. 곧 현재까지 존재하는 인공지능은 인간에게 의존적이다. 스스로 창조적인 일을 할 수 없고 인간의 명령(프롬프트)이 있을 때, 인공지능의 창조적 생성이 가능하다.

인공지능 교육의 필요성

앞에서 살펴본 것처럼 생성형 AI에 몇 가지 문제점이 있지만, 학교에서 인공지능에 대해 배우고 인공지능을 가르치는 일은 필요하다. 인공지능 교육의 필요성에 대해 여러 의견이 있을 수 있는데, 그 이유는 개정 교육 과정에 '인공지능' 관련 교육 내용이 반영되었기 때문이다. 다음은 2022년 12월 고시된 국가 수준 교육 과정[6] 중 '교육 과정 구성의 중점' 중 첫 번째 항목이다.

교육 과정 개정의 배경으로 '인공지능' 기술 발전에 따른 디지털 전환을 가장 먼저 제시했다. 인공지능이 가져올 사회 변화를 엄중하게 인식하고 교육에 반영해야 한다는 점을 나타낸 것으로 볼 수 있다.

초등학교 각 교과 교육 과정에도 인공지능 관련 내용이 상당수 반영되었다.

☑ 도덕과 성취기준

[6도02-03] 인간과 인공지능 로봇 간의 다양한 관계를 파악하고 도덕에 기반을 둔 관계 형성의 필요성을 탐구한다.

☑ 실과과 성취기준

[6실05-04] 디지털 데이터와 아날로그 데이터의 특징을 이해하고, 인공지능에 활용할 수 있는 데이터의 유형이나 형태를 탐색한다.

[6실05-05] 인공지능이 만들어지는 과정을 체험하고, 인공지능이 사회에 미치는 영향을 탐색한다.

✓ **과학과 교수·학습 방법**

(바) 범교과 학습, 생태전환교육, 디지털·인공지능 기초 소양 함양과 관련한 교육내용 중 해당 주제와 연계하여 지도할 수 있는 내용을 선정하여 함께 학습할 수 있도록 지도한다.

✓ **음악과 교수·학습 방법**

(전략) 역할놀이 학습, 블랜디드 학습, 거꾸로 학습, 이러닝, 스마트 러닝, 모바일 학습, 인공지능융합 학습 등.

✓ **영어과 성취기준 적용 시 고려사항**

에듀테크의 발달과 함께 듣기, 읽기 도구도 다양해지고 있으므로 다양한 디지털 매체를 활용한 듣기와 읽기에 익숙해질 수 있도록 한다. 인공지능이나 앱, 번역기 등의 디지털 도구를 활용하여 학습자의 수준에 맞는 맞춤형 학습을 제공할 수도 있다.

도덕과와 실과과에서는 '인공지능'을 내용으로 삼아 배우는 내용이 포함되었다. 이전(2015 개정 교육 과정)에는 인공지능 언급이 단 한 번도 없는 것에 비하면 엄청난 변화다. 인공지능을 교육 과정 성취기준 내에 언급하는 것은 정보 교육의 한 부분 정도로 취급하는 것을 넘어서 독립적인 배움의 대상으로 삼는다는 점에서 그 의미가 크다.

인공지능을 배움에 활용하는 방법 또한 제시되었다. 과학과, 음악과, 영어과에서는 인공지능을 방법(도구)으로 삼아 교수·학습을 진행하도록 했다. 학생의 배움과 성장을 위해 필요하다면 인공지능의 도움을 받을 수 있다는 것이다.

정보교육 시간을 초등학교에서 34시간 이상, 중학교에서 68시간 이상 편성 운영하도록 한 것도 인공지능 기술, 디지털 대전환이라는 측면과 밀접하게 관련되어 있다.

현장 적용의 어려움

생성형 AI의 등장으로 인공지능 플랫폼은 연일 새롭게 생겨나고 있다. 이에 학교에서도 많은 선생님이 인공지능을 수업에 활용하려는 다양한 연구와 노력을 이어나가고 있다. 하지만 현장에서 인공지능 기술을 사용하는 것에는 여러 어려움이 따른다. 대표적인 문제를 살펴보면 다음과 같다.

기술적 측면

인공지능 기술은 매우 전문적인 영역이다. 그렇기에 그 내용이 매우 복잡하다. 사실 비전문가가 인공지능 기술의 맥락과 내용을 모두 이해하는 것은 현실적으로 불가능하다. 또 인공지능 기술은 가장 최신의 첨단 영역이다. 그렇기에 빠르게 변한다. 변화 속도를 따라가기 힘들다.

비용적 측면

대부분의 인공지능 플랫폼은 무료 버전을 제공한다. 하지만 그 기능이 제한적인 경우가 많다. 모든 인공지능을 무료로 개방해야 한다는 것은 아니다. 정당한 비용을 지불하고 사용하는 편이 바람직하다. 하지만 교육 과정의 일부 시간을 위해 학생 수만큼 비용을 지불해야 한다면 매우 부담스러운 금액임은 확실하다.

정서적 측면

교사가 특정 영역을 잘 가르칠 것이라고 믿는 스스로에 대한 신념을 교수효능감이라 한다. 교사들의 인공지능에 대한 교수효능감은 모두 동일하지 않다. 성별, 학교급에 따라 다른 경향을 보이며 개인차가 크다. 실제 교사들의 서로 다른 인공지능 교수효능감에 대한 연구가 진행되고 있다.

접근성 측면

인공지능 플랫폼에 접근하려면 기본적으로 계정을 생성하고 로그인을 해야 한다. 그런데 이 과정이 상당히 복잡하다. 개인정보 입력, 이메일 인증, 휴대폰 인증, 보호자 동의 등이 필요한데 교실에서 이 과정을 진행하기는 쉽지 않다. 경우에 따라서는 계정을 생성하여 로그인하는 데까지 한 시간 넘게 걸리기도 한다.

안전성 측면

교사가 생성형 AI 플랫폼을 활용하는 것은 큰 문제가 없지만, 학생이 이용하는 것은 위험할 수 있다. 개인정보 유출, 부적절한 언어 사용,

학생의 사고 성장 방해가 대표적 문제점이다. 이러한 문제는 인공지능 플랫폼을 수업에 활용하기 어렵게 만든다.

안전한 생성형 AI 사용 방안

앞서 살펴본 생성형 AI 현장 적용의 어려움 중 '안전성 측면'에 실제로 문제가 있다면 치명적이다. 생성형 AI를 수업에 활용했을 때 학생의 건강한 성장을 방해하고 위험하다면 아무리 교육적 효과가 크더라도 사용할 수 없다. 서울특별시교육청에서 발행한 생성형 AI 교육자료에서 학교급에 따라 생성형 AI를 활용하는 가이드라인을 살펴보자.

서울특별시교육청에서 발행한 생성형 AI 교육자료 가이드라인

구분	초등학교	중학교	고등학교
수업 활용 가이드	• 교사 주도로 교육적 의도에 따라 활용 • 교사 시연 중심 • 학생 체험 가능한 경우 – 해당 연령에서 사용 가능한 서비스인 경우 – 또는 교사의 추가 작업을 통해 생성형 AI 산출물의 안전성을 확보할 수 있는 경우	• 교사의 지도하에 학생 직접 활용 • 약관에 따른 사용 제한 연령에 해당하는 경우 초등학교용 가이드 적용 • 서비스 약관 및 개인정보 보호법에 따라 부모나 법적 보호자의 동의가 필요한 경우 가정통신문 등 활용하여 보호자 동의 후 사용	• 교사의 지도하에 학생 직접 활용 • 프로젝트 등의 보조 교사로 활용 • 서비스 약관 및 개인정보 보호법에 따라 부모나 법적 보호자의 동의가 필요한 경우 가정통신문 등 활용하여 보호자 동의 후 사용
	(공통) 수업 및 교육활동에서 활용할 경우 사전에 생성형 AI 원리와 한계점, AI의 윤리적 사용에 대한 학생 교육 실시(필수)		
	(공통) 생성형 AI 서비스 사용 시 약관을 통해 사용 가능 연령 확인(필수) ※ OpenAI 서비스의 경우 이용약관에 따라 만13세 미만은 서비스를 직접적으로 사용할 수 없음. 만13세 이상~만18세 미만은 부모나 법적 보호자의 동의 필요. 교사는 법적 보호자에 해당하지 않음.		

이 가이드라인을 바탕으로 초등학교 수업에서 생성형 AI를 안전하게 사용할 수 있는 방법 네 가지를 생각해볼 수 있다.

1. 교사 주도의 사용

아직은 생성형 AI의 안전성이 담보되지 않는 만큼 교사가 사용하고 수업에 활용하는 것이다. 사전에 역할극 대본을 생성형 AI를 사용하여 작성하는 것, 교수 학습 과정안을 작성하는 데 도움을 받는 것 등이 가능하다. 이러한 방식은 학생이 생성형 AI를 직접 사용하지 않아 안전하지만 인공지능을 체험할 기회가 제한된다는 단점이 있다.

2. 연령에 맞는 서비스 선택

대부분의 생성형 AI는 회원가입 후 서비스를 이용할 수 있도록 제한되어 있다. 이 가입 과정에서 사용 가능한 연령을 제한한다. 해당 서비스에서 제시하는 연령 기준을 확인하고 수업에 활용한다면 안전성을 담보할 수 있다. 다만 연령 기준에 맞는 서비스를 선택하더라도 부적절한 대화가 이어질 수 있으므로 교사는 지속적으로 점검하고 확인해야 한다.

3. 페르소나 부여를 통한 안전성 확보

교사가 추가 작업으로 생성형 AI 산출물의 안전성을 확보할 수 있는 경우 학생 체험이 가능하도록 할 수 있다. 일부 사용자는 특정 프롬프트를 사용해 탈옥을 시도한다. 이와 유사하게 생성형 AI에 특정한 역할을 부여하면 그 방향대로 움직이게 된다. 이렇게 부여하는 역할을 페르소나(가면)라고 한다. 생성형 AI 사용 시 가장 먼저 특정 프롬프트를 언급하도록 지도, 약속한다면 안전성을 확보할 수 있다.

페르소나 부여 예시

안녕. 나는 수업에 너를 활용하려고 해. 대화할 때 내가 지금 말하는 조건을 지켜줘야 해.

-너는 지금부터 한국사 전문가야. 내 질문에 전문가답게 답변해줘.

-초등학교 5학년 수준에 맞는 어휘와 표현을 사용해줘.

-비속어, 선정적인 표현, 욕설, 은어는 절대 사용해서는 안 돼.

-사실에 근거해서 이야기해줘.

4. 수업 맞춤형 AI 개발

페르소나 부여와 같은 맥락으로 교사의 추가 작업을 통해 산출물의 안전성을 확보할 수 있는 경우 학생 체험이 가능하다. 일부 생성형 AI 서비스는 사용 목적에 맞게 개발, 활용할 수 있는 방식을 제공한다. 챗 GPT는 API^Application Programming Interface를 제공한다. 이를 활용하면 학생 체험이 가능한 생성형 AI를 개발할 수 있다. 다만 그 과정은 어렵고 복잡하므로 교실 수업에 즉각 적용하기에는 어려움이 있다. 여기서는 뤼튼의 '스튜디오' 기능을 소개한다.

뤼튼의 스튜디오 기능으로 툴/챗봇 만들기

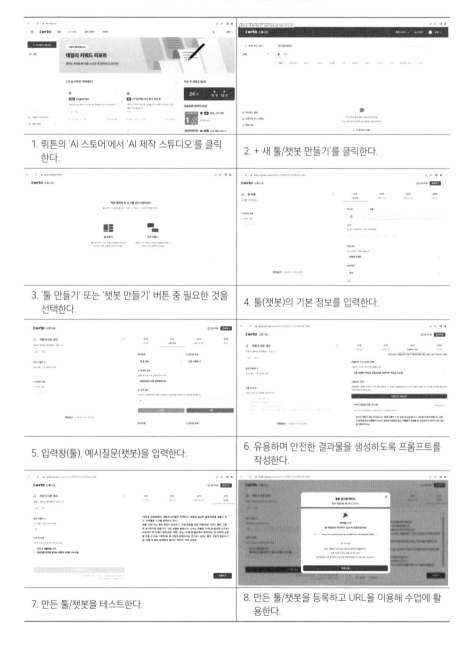

1. 뤼튼의 'AI 스토어'에서 'AI 제작 스튜디오'를 클릭한다.	2. + 새 툴/챗봇 만들기'를 클릭한다.
3. '툴 만들기' 또는 '챗봇 만들기' 버튼 중 필요한 것을 선택한다.	4. 툴(챗봇)의 기본 정보를 입력한다.
5. 입력창(툴), 예시질문(챗봇)을 입력한다.	6. 유용하며 안전한 결과물을 생성하도록 프롬프트를 작성한다.
7. 만든 툴/챗봇을 테스트한다.	8. 만든 툴/챗봇을 등록하고 URL을 이용해 수업에 활용한다.

이러한 방법으로 간단하게 '인공지능'을 설계하고 만들 수 있다. 또 이렇게 제작한 생성형 AI는 URL을 통해 공유가 가능하며 별도로 회원가입을 하지 않아도 사용할 수 있다. 뤼튼의 스튜디오 기능은 전문적인 지식 없이도 안전한 수업용 AI 플랫폼 개발이 가능하다는 측면에서 매우 강력하다.

인공지능 교육의 성격

인공지능 교육이 중요하고 필요하다면 실제 교육 과정에는 어떤 방식으로 적용할 수 있을까? 인공지능을 교육에서 다룰 때는 두 가지 측면을 생각해볼 수 있다. 인공지능을 배우기 위해 교과 내용을 이용할 수도 있고 교과 내용을 다루기 위해 인공지능을 수단으로 사용할 수도 있다. 전자는 교과와 관련하여 인공지능 윤리 문제(AI 윤리)를 다루거나 학습 내용 중 인공지능 관련 요소를 추출하여 배우는 것(AI 소양)이 있을 수 있다. 후자는 기존 교육 과정에서 다루는 문제를 인공지능과 연결하여 해결하거나(AI 융합) 인공지능을 수단으로 사용해 도움을 받는 경우(AI 활용)가 있을 수 있다.

인공지능 교육을 실제 교육 과정에 적용하는 방식

목적으로서 AI	인공지능을 배우기 위해 교과 내용과 방법 활용	AI 윤리 AI 소양	성취기준에 반영
수단으로서 AI	교과 내용과 방법을 배우기 위해 인공지능 활용	AI 융합 AI 활용	교수 학습 방법 등에 반영

인공지능을 목적으로 다루기 위해서는 교과 내용 중 인공지능 학습에 도움이 될 만한 것을 찾거나 교과 방법을 인공지능 학습에 사용해야 한다. 교육 과정에서는 '성취기준'에 이러한 점이 드러난다. 인간과 인공지능 로봇 간의 도덕적 관계에 대해 이야기하는 것[8]이나 인공지능의 데이터 유형을 탐색하는 것[9] 등이 여기에 해당한다. 다음은 목적으로서 AI를 다룰 때 사용할 수 있는 주제다.

- 인간과 인공지능 사이의 도덕적 관계 세우기.
- 인공지능의 데이터 유형 탐색하기.
- 인공지능이 만들어지는 과정 체험하기.
- 국어의 문법 체계를 활용하여 생성형 AI 대화 내용 분석하기.
- 도형을 구분하는 방법으로 이미지 인식 인공지능의 원리 설명하기.
- 인공지능 알고리즘에 과학의 탐구 기능 활용하기.
- 인공지능의 저작권 인정 여부에 관해 토론하기.

인공지능을 하나의 도구나 수단으로 교과에 접근하는 방식은 목적으로 다루는 것보다는 수월하다. 교사는 이미 기존의 교과 내용을 잘 알고 있다. 수업에 인공지능을 활용하는 것은 인공지능에 대한 깊은 이해를 요구하지 않는다. 인공지능의 복잡한 원리를 몰라도, 간단한 인공지능 플랫폼 사용법만 익히면 도구로서 AI를 적용해볼 수 있다.

교육 과정에는 '교수·학습 방법'에서 도구로서 AI를 적용하도록 한다. 다음은 수단으로서 AI를 다룰 때 사용할 수 있는 주제다.

- **세미-컨덕터**Semi-Conductor**를 활용하여 지휘 체험하기.
- **달리**DALL·E**를 활용하여 창의적인 그림 아이디어 얻기.
- **오토드로**AutoDraw**를 활용하여 속담 그림으로 표현하기.
- **챗GPT**ChatGPT**를 활용하여 역사 역할극 대본 작성하기.
- **빙챗**Bing Chat**을 활용하여 우리 동네 지형 생성 원인 탐구하기.
- **뤼튼**wrtn**을 활용하여 교과서 등장인물의 업적 요약하기.
- **티처블 머신**Teachable Machine**을 활용하여 유도블럭 이탈 방지 프로그램 만들기.

최첨단 기술인 인공지능은 어렵고 복잡하다. 교사가 인공지능에 대해 깊이 이해할 때는 인공지능 학습을 목표로 삼아 교과 내용과 방법을 활용할 수 있다. 하지만 모든 교사가 인공지능에 대해 잘 알지는 못하며 또 그렇게 되기를 기대하는 것도 무리다.

반면 인공지능을 수단으로 삼아 기존 교과 수업에 활용하는 것은 매우 간편하다. 인공지능에 대한 고도의 지식이 필요하지 않으며 쉽게 사용하도록 만들어진 서비스를 활용하기만 하면 된다.

인공지능을 수단으로 수업에 활용하는 것은 지금까지 교사들이 매우 잘 해온 일의 연장선에 있다. 사회 변화에 맞추어 교수·학습 방법을 개발하고 고도화된 기술을 수업에 적용하는 것은 선생님들이 끊임없이 해온 일이다. 인공지능 사회가 도래함에 따라 또 한 번 선생님들이 이 일을 잘 해내리라 믿는다.

인공지능 세상에서 살아갈 학생을 위해

마블 스튜디오에서 제작한 영화 〈어벤져스: 엔드게임〉에서는 인공지능 비서 프라이데이가 시간여행 장치를 디자인하고 시뮬레이션까지 성공한다. 너무 쉬운 일인 듯, 단 몇 초 만에 시뮬레이션을 끝낸다. 영화 설정상 시간여행 장치를 만드는 것은 인공지능이 쉽게 할 수 있는 일인 듯하다. 딱 봐도 복잡한 계산과 시뮬레이션을 순식간에 해내니 말이다. 하지만 토니 스타크가 명령하기 전까지 프라이데이는 시간여행 장치를 만들 수 없었다.

현재 출시되는 생성형 AI도 마찬가지다. GPT 기반의 생성형 AI는 미리 학습된Pre-tranined 데이터를 바탕으로 사람의 명령(프롬프트)에 따라 가능성이 가장 높은 결과물을 제시한다. 엄청난 데이터를 학습하고 엄청나게 많은 걸 알고 있지만, 스스로 어떤 결과물을 내놓을 수는 없다. 프롬프트가 있어야만 한다.

코페르니쿠스가 지동설을 발표하기 전, 당대 모든 지식을 학습한 챗GPT가 있었다 해도 지동설을 제안하지는 못했을 것이다. 미리 학습된 데이터를 바탕으로 가장 가능성이 높은 답변을 내놓기 때문이다. 당대 모든 지식은 천동설을 지지했다. 또 지구가 움직인다는 생각은 불경스럽게까지 여겨졌다. 그 시절 생성형 AI가 있었다 한들 지구가 움직인다는 결과물을 내놓을 수는 없다. 그런 표현은 사용될 확률이 너무 낮고 윤리적인 제약에 가로막히기 때문이다.

생성형 AI가 아무리 뛰어나다고 해도 인간이 쌓아둔 지식을 바탕으로 결과물을 만든다. 또 인간이 정해둔 윤리적인 제약을 적용받는다. 결국 인간이 쌓은 지식을 뛰어넘어야 하는 순간, 윤리적 기준을 새로 정해야 하는 순간에는 인공지능보다 사람이 필요하다. 특이점이 오기 전까지는 정해진 체제를 뒤집는 생각은 사람만이 할 수 있는 고유한 일이라 할 수 있다.

인공지능 세상에서 살아갈 학생에게는 두 가지가 필요하다. 먼저 인공지능을 잘 사용할 수 있는 능력, 곧 뛰어난 프롬프트를 생산하는 능력이다. 두 번째는 새로운 생각을 할 수 있는 능력이 있어야 한다. 이 두 가지를 갖추기 위해 생성형 AI를 지속적으로 수업에 활용하는 노력이 필요하다.

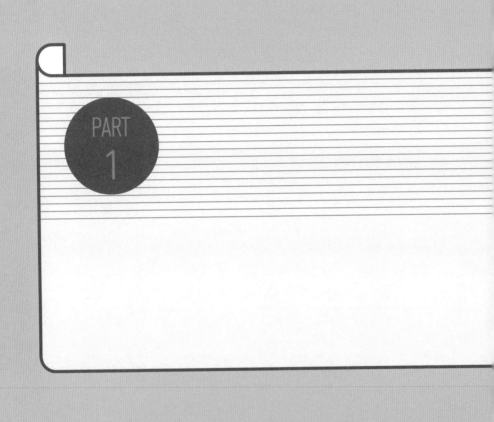

PART

1

AI 시대,
생성형 AI로 교과 교육

생성형 AI를 활용한 국어 교육

생성형 AI와 국어 교육의 만남

생성형 AI의 등장과 함께 국어 교육은 더욱이 중요시되고 있다. 명령어(프롬프트)를 어떻게 만드느냐에 따라 결과물에 차이가 나고, 자신이 의도한 대로 결과물을 생성해내기 위해선 적절한 단어와 문장을 제시해야 한다. 글을 쓸 때도 '글을 만들어줘'라는 간단하고 초월적인 명령어를 적는 것보다 머릿속에 전체적인 글의 구성을 생각해놓은 다음 부분별로 글의 내용을 담은 명령어를 적거나 글을 쓰는 데 참고가 될 만한 명령어를 적는 것이 더욱 효과적이다.

따라서 생성형 AI가 학생들의 글쓰기 능력을 저해할 수 있다는 우려에 절실히 공감하지만, 글을 완성해내는 것도 결국 사람의 명령어에 따라 질적 차이가 나기 때문에 국어 교육의 필요성은 절대로 퇴색되지 않는다고 생각한다.

팬데믹 사태 때 아이들은 학교에 오지 못했고, 친구들과 교류하지 못하며 일방향의 학습 형태를 직면해야 했다. 화면을 보며 콘텐츠를 수동적으로 흡수했고 미처 예상하지 못한 현실에 재빨리 대응하지 못하는 교육 현장은 아이들의 흥미와 학습 동기를 불러일으킬 만한 에듀테크를 찾아 헤맸다. 생성형 AI가 조금이나마 도움이 될 수 있을 것이다.

사람이 아니지만 인공지능과 대화를 하며 토론하고 글을 쓰고 발표 자료를 만들고 이야기글을 요약하며 마치 짝과 함께 공부하는 기분을 느낄 수 있을 것이다. 혼자서 공부할 때보다 더 나은 학습을 기대할 수도 있다.

일반적인 수업 상황에서도 충분히 활용 가능하다. 교사가 수업의 중심임은 변함이 없지만, 생성형 AI 기술로 국어 능력이 부족한 아이들에게 개별적인 학습 지도가 가능하다. 선생님의 설명만으로는 학생들의 이해도를 높이기 어려운 경우가 많다. 인공지능이 만든 질문이나 요약한 글 등을 보며 대리학습을 하고 선생님이나 친구들의 도움에 의존하기보다 생성형 AI와 대화하며 스스로 해내려는 힘을 키울 수 있다. 또한 새로운 영역이기에 학습에 흥미를 느낄 수 있다.

2022 개정 교육 과정에서 국어 교과는 '국어를 정확하고 효과적으로 사용하는 능력을 기르고, 가치 있는 국어 활동을 통해 바람직한 인성과 공동체 의식을 함양하며, 비판적이고 창의적인 사고와 활동을 바탕으로 국어문화를 향유하는 교과'로 정의된다. 또한 '매체 영역'이 신설되었는데, 이는 4차 산업혁명 시대의 전환과 진보된 인공지능의 등장으로 국어 교과 학습에 변화가 있어야 한다는 사회적 요구를 반

영한 것으로 보인다.

2022 개정 교육 과정에서는 자기 주도적인 학습자와 창의적인 학습자를 강조한다. 이전에는 책이나 뉴스 기사 등 종이로 출력된 자료에서 정보를 얻었다면, 이제는 유튜브, SNS 등 다양한 매체에서 정보를 얻는 시대가 되었다. 더욱이 생성형 AI의 발전으로 학생들은 더 많고 다양한 정보를 짧은 시간에 손쉽게 얻을 수 있게 되었다. 편리함과 접근성이 커질수록 부작용에 잘 노출되는 것도 사실이다. 따라서 매체 영역의 신설은 디지털 기기를 잘 다루는 데서 끝나지 않고 여러 매체에서 얻은 정보를 비판적으로 사고하고 자신의 것으로 승화해 새로운 창작물을 만드는 역량이 필요함을 뜻한다.

또한 2022 개정 교육 과정에서 국어 교과 6가지 역량 중 디지털·미디어 역량을 국어과 역량으로 설정했으며 '디지털 다매체 시대로 변화한 언어 환경을 고려'했다고 밝혔다. 더불어 '과학기술의 고도화로 급격하게 변화하는 의사소통 환경에 능동적으로 대처하기 위해서는 학교생활을 통해 폭넓은 국어 경험을 쌓으면서 체계적인 국어 학습을 할 필요가 있다'라고 이야기한다.

아이들이 앞으로 살아갈 세상은 사람 대 사람을 넘어 사람 대 인공지능의 대화가 주목되는 세상일지 모른다. 새로운 미래 사회를 살아갈 아이들을 위해 학교 현장에서 생성형 AI를 활용한 다양한 국어 경험을 제시해주어야 한다.

질문 주고받기 챗봇 만들기-뤼튼^{wrtn}

국어 교과서로 수업을 진행하다 보면 질문을 만들어 친구들과 대화하는 활동을 적지 않게 발견할 수 있다. 유대인의 전통 교육 방법인 하브루타를 차용한 것으로 보이나 실제 교실 상황에선 그 의도를 살리기 힘들고 아이들도 반복된 활동에 흥미를 느끼지 못해 본래의 교육적 효과를 상실한다는 느낌을 많이 받았다.

　좋은 질문이 좋은 답변을 이끌고 이야기에 숨어 있는 의미까지 생각해보게 하지만 금방 답할 수 있는 1차원적인 질문이나 표면적인 내용을 물어보는 질문이 많아 늘 아쉬움이 남았다. 친구들이 만든 좋은 질문을 보며 어떤 질문이 좋은 질문인지 배우고 나중에 똑같은 활동이 이뤄질 때 좀 더 발전된 질문을 만드는 긍정적인 순환이 이뤄져야 하는데 그렇지 못하는 듯하다. 서로 질문을 보거나 보여주는 것을 꺼리는 학생이 많고 좋은 질문이 많이 나오지 않으면 배울 질문이 없기 때문이다.

　이러한 어려움들을 보완할 수 있는 방법을 고민해봤고 여러 가지 해결책이 있겠지만 그 중 생성형 AI를 활용해 '질문 주고받기 챗봇'을 만들어 국어 수업에 활용해보았다. 다음과 같이 뤼튼^{wrtn}을 활용하면 쉽게 챗봇을 만들 수 있다.

1. 포털사이트에서 뤼튼을 검색하여 사이트에 접속한다.
2. 구글/카카오/네이버 등을 이용해 회원가입하고 로그인을 한다.
3. 탭에서 'AI 스토어'를 클릭한다.
4. 왼쪽 메뉴 중 'AI 제작 스튜디오'를 클릭한다.
5. '+ 새 툴/챗봇 만들기'를 클릭한다.
6. '챗봇 만들기'를 클릭한다.

질문 주고받기 챗봇 만들기

뤼튼 챗봇 서비스는 총 4단계에 걸쳐 제작한다. 각 단계에 따라 작업을 수행하면 왼쪽 화면에 바로 적용이 된다. 왼쪽 화면은 실제 챗봇이 만들어지고 나서 사용자가 보게 되는 화면이다.

1단계
아이콘과 이름, 소개는 교사 재량껏 챗봇에 어울리는 것으로 채우면 된다. 카테고리는 학생, 공개여부는 학생들이 접근할 수 있게 공개로 설정해주고 가격은 무료로 설정한다.

2단계

- 첫 메세지 – 사용자가 챗봇을 사용할 때 처음 보는 메시지다. 챗봇 이름과 챗봇의 역할을 간단히 설명하는 것이 좋다.
- 예시 질문 – 사용자가 챗봇을 이용하는 데 도움이 되도록 질문을 예시로 보여줄 수 있다. 학생들이 어떤 질문을 하면 좋을지 참고할 수 있기 때문에 학급 내 학생들의 수준을 고려하여 예시 질문 사용과 미사용, 사용한다면 몇 개를 만들어 보여줄지 고민해보는 것을 권고한다.

3단계

- 프롬프트 구성 난이도 – 제작하기 쉽게 쉬움으로 설정한다.
- 역할 – 챗봇의 구체적인 역할을 작성한다. 필자는 '자료를 읽고 질문을 만들거나 사용자의 질문에 답변을 해주는 국어 수업 보조자, 초등학생 수준으로 답변할 것, 등장인물의 생각이나 행동을 묻는 질문에는 그 인물의 입장이 되어 답변할 것'으로 역할을 설정했다.
- 성격 및 정보 – 챗봇의 성격과 말투에 대한 부분이다. 필자는

'친절하고 상냥한 말투'로 설정했다.

- 요구사항 – 챗봇이 지켜야 할 부분이다. 학생들이 안전한 환경에서 사용할 수 있도록 비윤리적 표현, 욕설을 사용하지 않도록 하는 것이 좋다.
- 추가 정보 제공 – 챗봇이 답변에 참고하는 자료로, 질문을 주고받을 제시글을 분석하도록 해야 한다. 교과서 제시글을 복사-붙여넣기하여 추가한다.(추후 업데이트를 통해 PDF 파일, 링크 삽입이 가능해 보인다.)

4단계

제작한 질문 주고받기 챗봇을 테스트해보는 단계다. 아이들의 시선에서 다양한 질문을 해보면서 잘못 답변하는 것은 없는지, 욕설이나 비윤리적인 표현 등 학생들에게 좋지 않은 영향을 끼치는 장치는 없는지 확인한다. 특별한 이상이 없는 게 확인되면 스토어에 등록한다.

질문 주고받기 챗봇 수업에 활용하기

교사가 제작한 질문 주고받기 챗봇을 학생들이 사용하도록 하는 방법은 두 가지가 있다.

첫째, 링크를 학생들에게 직접 또는 QR코드로 제시해 바로 접속하여 사용하게 하는 방법이고 둘째, AI 스토어에서 챗봇을 클릭한 뒤 검색창에서 검색해 접속하게 하는 방법이다. 수업 상황에 간편하게 사용할 수 있는 첫 번째 방법을 추천한다.

이러한 활동을 통해 이야기를 읽고 질문을 만드는 데 어려움을 겪는 학생들은 어떻게 질문을 만드는지 감을 익힐 수 있다. 쉬운 수준의 질문부터 따라 만들다 보면 나중엔 질문 주고받기 챗봇의 도움 없이 질문을 곧잘 만들어내고 답변도 구체적이고 자세하게 할 수 있을 것이다.

질문을 잘 만든 학생들은 질문 주고받기 챗봇에 질문해보고 왜 그렇게 생각하는지 토론을 진행해볼 수도 있다. 챗봇이 만드는 여러 가지 질문 중 훌륭한 질문을 분별할 수 있는 능력이 있다면 챗봇이 만드는 질문들 중 좋은 질문과 그렇지 않은 질문을 골라보게 하고 이유를 적게 하는 추가 활동을 진행해볼 수도 있다.

요즘 학생들은 컴퓨터 키보드를 두드리는 것보다 휴대폰, 태블릿의 키패드로 입력하는 것이 더 익숙하고 속도도 빠르다. 카카오톡, 페이스북, 인스타그램 등 SNS로 친구들과 자주 소통하며 전화보다는 문자로 주고받는 게 익숙한 시대에 살고 있기 때문일 것이다. 친구들과 메신저를 주고받듯이 인공지능과 질문을 주고받는 과정에서 새로운 수업 활동에 흥미와 재미를 느낄 수 있을 것이다.

그림책 만들기 –포킷pokeit

이미지 생성형 AI는 시간이 갈수록 어색함은 많이 사라지고 뛰어난 능력을 점차 갖추어간다. 다양한 작가의 화풍과 여러 장르에 따라 이미지를 달리 생성해주는 능력도 인정받고 있다. 이로 인해 예술계에서도 큰 파장을 일으키며 세상의 많은 부분에 변화를 일으키고 있다. 실제로 과거에 이미지를 사용하기 위해서는 원하는 이미지를 찾을 때까지 계속해서 구글링을 했어야 하지만 이젠 프롬프트를 작성해 이미지를 생성하는 게 더 빠르고 효과적인 시대가 되었다.

이미지 생성형 AI 하면 OpenAI에서 개발한 달리DALL·E를 흔히 떠올릴 것이다. 하지만 학교 현장에서 적용하기엔 어려움이 많아 새로운 프로그램 포킷pokeit을 소개한다. 포킷은 라이언로켓에서 개발한 인공지능 이미지 생성 및 공유 플랫폼이다. 2023년 3월, 서울어린이대공원에서 탈출한 얼룩말(새로)을 패러디한 공모전을 열어 이목을 끌기도 했다. 포킷은 기존 스포키sporky에서 로라LoRa 모델을 접목하여 2023년 3월에 리브랜딩하여 출시했다. 유료 결제 시 더 많은 이미지를 생성할 수 있지만 무료 버전에서도 충분히 여러 가지 작업을 할 수 있다. 그림책에선 동일 인물이 자주 등장하고 비슷한 그림체를 이어나가야 하는 특징이 있는데, 기존의 이미지 생성형 AI를 사용하면 통일성 있는 그림을 생성해내기가 어렵다. 미드저니Midjourney를 이용할 순 있지만 초등학생에게 적합하지 않아 포킷을 추천한다.

이미지 묘사 입력창에 어떤 그림을 생성해낼지 명령어(프롬프트)를 작성한다. 원하는 결과물을 얻기 위해서는 구체적이고 자세할수록

이미지 생성형 AI 포킷 이용법

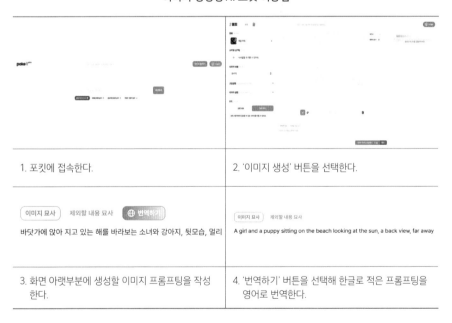

1. 포킷에 접속한다.	2. '이미지 생성' 버튼을 선택한다.
3. 화면 아랫부분에 생성할 이미지 프롬프팅을 작성한다.	4. '번역하기' 버튼을 선택해 한글로 적은 프롬프팅을 영어로 번역한다.

좋다. 일반적으로 이미지 생성에 적는 명령어는 영어가 기본이라 매
번 번역해서 복사-붙여넣기를 해야 하는데 포킷은 번역하기 버튼이
있어 편리하게 이용할 수 있다.

'바닷가에 앉아 지는 해를 바라보
는 소녀와 강아지의 뒷모습'을 그
려달라고 요청해 포킷으로 그린
그림.

이미지 묘사 유의점

이미지를 묘사할 때 핵심적으로 넣어야 하는 요소는 인물 또는 동물,
행동(앞, 뒤, 옆모습), 앵글(가까이, 멀리), 환경이다. 어떤 이미지를 만들
고 싶은지 최대한 구체적이고 명확하게 제시해야 한다. 자세히 설명
할수록 내가 원하는 결과물에 가깝게 이미지를 생성해낼 수 있다.

핵심 구성 요소		이미지 묘사 (프롬프트)

요소	내용
캐릭터	작고 귀여운 보랏빛 새
행동	옆모습
앵글	가까이(클로즈업)
환경	햇빛이 비추는

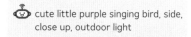

cute little purple singing bird, side, close up, outdoor light

구도와 상황, 행동 묘사는 문장으로 적고 외모, 상태, 배경은 태그로 뒤에 적어주는 것이 좋다. 문장으로 적을 때 길고 자세하게 적어주면 정확한 결괏값을 얻을 확률이 높다. 또한 이미지 생성형 AI는 맨 앞에 있는 이미지 묘사부터 읽기 때문에 앞쪽에 있는 묘사일수록 정확하게 반영한다. 따라서 생성해내는 이미지에서 중요하거나 꼭 들어가야 하는 요소는 순서를 앞으로 옮기는 것이 좋다. 그리고 단계적으로 그림을 그리는 이미지 생성형 AI 특성상 연관된 단어들을 연달아 묘사하면 더 나은 결과물을 얻을 수 있다.

✓ 이미지 생성에서 더 중요한 요소의 순서 이동 예시

꽃을 들고 있는 아름다운 여성, 단발머리, 목걸이, 뒷모습, 분홍색 머리카락

↓

꽃을 들고 있는 아름다운 여성, 분홍색 머리카락, 단발머리, 목걸이, 뒷모습

고급설정 알아보기

1. 표현 강도^{CFG}

표현 강도는 생성형 AI에게 얼마나 자유를 줄지 설정하는 기능이다. 표현 강도가 높을 경우 생성형 AI의 자유가 적어져 이미지 묘사 내용을 충실히 반영한다. 하지만 각 요소가 조화롭지 못할 수 있다는 단점이 있다. 반대로 표현강도가 낮을 경우 생성형 AI가 더 자유로워져 각 요소가 조화롭게 이미지를 생성하지만 이미지 묘사 내용을 다 반영하지 못한다는 단점이 있다. 보통 5~11 사이 값을 쓴다.

2. 연산 횟수^{Steps}

연산 횟수는 이미지를 생성해내는 단계를 설정하는 기능이다. 연산 횟수가 낮을 경우 단계가 적어 이미지 생성 속도가 매우 빠르지만 이미지 묘사 내용을 다 반영하지 못한다. 반면 연산 횟수가 높을 경우 단계가 많아 이미지 생성에 오랜 시간이 걸리지만 질 높은 이미지를 생성해낼 수 있다.

3. 시작점^{Seed}

시작점은 각 이미지의 고윳값이다. 0은 랜덤 이미지를 생성한다. 시작점을 고정한 채 프롬프트를 수정하면 원하는 구도나 캐릭터를 유지한 채 다른 이미지 결과가 나오게 변화를 줄 수 있다. 이미지 묘사를 고정한 채 시작점을 변경하면 값에 따른 이미지가 새롭게 생성된다.

그림책 줄거리 쓰기

어떤 주제와 내용의 그림책을 만들지 계획하는 과정에서도 생성형 AI의 도움을 받을 수 있다. 막상 그림책 주제와 내용을 떠올려보려고 하면 어려워하는 아이들이 많고 단순한 주제를 선정하거나 친구의 아이디어를 그대로 따라하는 경우가 많다.

생성형 AI에게 그림책 주제에 대해 브레인스토밍을 부탁하고 그중 마음에 드는 것을 선택하거나 내 생각을 더해 더 나은 주제를 정할 수도 있다. 실제 프롬프팅 예시를 통해 좀 더 자세히 설명해보겠다.

1. 역할 부여

세계에서 뛰어난 그림책 작가라는 역할을 부여했다. 사람들에게 경각심을 불러일으키거나 사람들이 관심 있어 하는 주제를 만들어달라고 했다. 만들어준 주제로 그림책을 만들거나 힌트를 얻어 새로운 주제를 만들어도 좋고 추가적으로 주제를 더 만들어달라고 해도 좋다.

2. 줄거리 요청

어떤 주제로 그림책을 만들지 정했으면 그림책 줄거리를 만들어달라고 한다. 다소 난해한 내용은 학생들이 읽기에 적합하지 않거나 어려울 수 있으므로 초등학생을 대상으로 제작한다고 밝히는 것이 좋다.

3. 세부사항 요청

줄거리만 보고 바로 그림책 제작에 들어가도 되지만 한 단계 더 나아갈 수 있다. 제작하려는 그림책 페이지를 대략 정하고 줄거리 흐름대로 각 페이지마다 어떤 글을 넣으면 좋을지 도움을 받을 수 있다. 실제 그림책이 그렇듯, 각 페이지에는 모습을 묘사하는 글만 있어도 좋고 인물들 간의 대화가 있어도 좋다고 생성형 AI에게 언급해준다. 그러면 다음과 같이 정리해서 만들어준다.

[?] 포킷으로 그림책 만들기

사용자	너는 세계에서 가장 뛰어난 그림책 작가야. 전학 온 친구와 친하게 지내고 함께 축구 대회를 준비하는 내용을 주제로 그림책 줄거리를 만들어줘. 다소 난해한 내용은 학생들이 읽기에 적합하지 않거나 어려울 수 있으니 초등학생에게 적합한 문장으로 써줘. 그림책을 16페이지 정도로 만들려고 하니, 각 페이지에 들어가면 좋은 그림을 묘사하는 글과 인물들 간의 대화를 넣어줘.
포킷	16쪽 그림책 프로젝트에 대한 개요를 다음과 같이 제안합니다. 각 페이지의 글은 대화 형식과 간단한 설명을 조합하여 구성하도록 하겠습니다. -1페이지: 그림: 언덕 위의 작은 동네 전경 글: "아름다운 언덕 위의 작은 동네에는 다양한 친구들이 살고 있어요." -2페이지: 그림: 민서와 친구들이 놀고 있는 모습 글: "그 중에 민서와 그녀의 친구들은 한창 뛰어놀고 있었죠." -3페이지: 그림: 승하가 전학온 날 학교에서 반 친구들을 만나는 장면 대화: 민서 - "안녕, 네 이름이 승하라고 들었어. 우리 친구하자!" -4페이지: 그림: 친구들이 승하와 함께 놀이터에서 놀고 있는 모습 글: "처음에는 모두가 어색했지만, 친구들은 곧 승하와 함께 즐거운 시간을 보냈어요."

-5페이지:

　그림: 친구들이 속삭이며 축구 대회에 대해 얘기하는 모습

　글: "어느 날, 친구들은 동네 축구 대회를 준비하는 것을 알게 되었죠."

-6페이지:

　그림: 승하와 민서가 축구 대회 참여에 대한 걱정을 나누는 모습

　대화: 민서 - "너도 축구 대회에 참여하고 싶어?"

　승하 - "응, 나도 한번 해보고 싶어."

-7페이지

　그림: 친구들과 준비 과정을 거치며 연습하는 모습

　글: "민서와 친구들은 열심히 연습하며 서로 돕고 배려하는 것을 배웠어요."

-8페이지:

　그림 : 민서와 승하가 팀워크를 발휘하며 연습하는 모습

　글: "승하가 점점 더 능숙해지며, 모두와의 팀워크가 단단해졌죠."

-9페이지:

　그림: 승하와 함께 축구 경기를 즐길 수 있게 도와준 친구들

　글: "친구들 덕분에, 승하는 마침내 용기를 낼 수 있게 되었습니다."

-10페이지:

　그림:대회를 앞두고 걱정하는 친구들의 모습

포킷　글: "대회가 다가오자, 모두가 긴장하며 걱정하기 시작했어요."

-11페이지:

　그림: 승하의 멋진 모습이 포착된 축구 대회 전 팀 사진

　글: "하지만 그들은 이미 팀워크와 우정의 힘을 얻은 친구들이었습니다."

-12페이지:

　그림: 승하가 도전적인 플레이를 시도하는 기나긴 장면

　글: "승하는 용감하게 공격을 시도하며 좋은 선수로 성장했습니다."

-13페이지:

　그림: 민서와 승하의 환상적인 패스 플레이.

　글: "민서와 승하의 팀워크는 필드 위에서도 반짝였어요."

-14페이지:

　그림: 승하가 골을 성공하는 순간

　글: "승하는 결국 모든 이들의 기대를 뛰어넘는 환상적인 골을 성공했습니다!"

-15페이지:

　그림: 친구들과 환호하며 축하하는 모습

　글: "모두가 함께 기뻐하며 축하했죠. 우리 모두는 특별한 친구들이니까요."

-16페이지:

　그림: 결말 장면으로 다양한 친구들이 함께 지내며 어울리는 모습

　글: "그후로도, 민서와 승하, 그리고 친구들은 함께 행복한 시간을 보냈습니다."

발표 자료 만들기 - 빙챗Bing Chat

발표 수업을 진행하면 아이들이 가장 어려워하는 것이 발표 자료^{PPT} 제작이다. 발표 주제를 정하는 것에서부터 발표 내용을 어떻게 구성하는지, 슬라이드에 어떤 내용을 넣어야 하는지 아이들은 첫 시간부터 어려움을 겪는다. 여기에 빙챗^{Bing Chat}을 활용하여 수업을 진행한다면 아이들이 매체 자료를 만드는 데 도움을 얻을 수 있다.

발표 주제 구상하기

발표 주제를 선정할 때 생성형 AI의 도움을 받을 수 있다. 자신이 초등학생임을 밝혀 초등학생 수준의 발표 주제를 추천할 수 있도록 하고, 마음에 드는 발표 주제를 얻을 때까지 추가로 계속해서 도움을 요청할 수 있다.

　마음에 드는 주제를 선정했다면 발표 목차를 구성해보자. 주제만 선정한 채 곧바로 발표 자료를 만들면 발표의 흐름이 이어지지 않거나 특정 부분에 많은 내용을 넣게 되는 오류를 범할 수 있다. 목차 예시를 보며 자신의 발표에 넣을 내용을 선별하고 흐름을 구상하면 조금 더 나은 발표를 준비할 수 있을 것이다.

　생성형 AI의 도움을 받아 내가 발표하는 주제와 관련된 매체 자료를 찾을 수 있다. 포털사이트나 유튜브에서 직접 검색하여 찾을 수 있지만 좀 더 빠른 시간 내에 원하는 매체 자료를 찾을 수 있고 다양한 사진이나 그림을 모아놓은 새로운 사이트를 접할 수 있다는 장점이 있다. 출처도 쉽게 확인하고 표시할 수 있어 저작권 교육으로도 적합하다.

　학생들의 발표를 보면 발표 자료에 시선을 고정한 채 발표하거나 목소리가 작아 전달력이 떨어지는 경우가 종종 있다. 어떤 자세와 마음가짐으로 임해야 좋은 발표가 되는지 생성형 AI에게 물어봄으로써 자신의 발표를 향상시킬 수 있다. 정보와 지식적인 측면에 국한되는 것이 아니라 태도에 대한 내용도 알 수 있다.

5

아이들의 이해를 도울 수업 자료 만들기

아이들에게 교과서 예시로만 핵심 개념을 이해시키기 어려울 때가 많다. 그래서 교사들은 더 많은 예시 자료를 찾기 위해 오랜 시간을 들여 검색하거나 검색을 해도 마땅한 것을 찾지 못하면 스스로 예시 자료를 만든다. 한정된 시간에 업무와 수업 준비를 병행해야 하는 교사 입장에서 이러한 상황은 크게 부담으로 다가온다. 하지만 생성형 AI를 사용하면 조금이나마 부담을 덜 수 있다. 학생들의 이해를 돕기 위한 예시 자료를 만들 때도 생성형 AI를 활용할 수 있기 때문이다.

　번역하는 과정에서 원하는 결과물이 생성되지 않을 수도 있으므로, 이 경우 꼭 포함되어야 하는 부분이 무엇인지 생각해서 좀 더 구체적으로 프롬프트를 작성해야 한다. 새로운 수업 자료 생성에는 챗GPT를 추천하고, 시인이나 작가의 작품을 예시 자료로 활용하고 싶은 경우 빙챗을 이용하면 좀 더 수월하다.

?ฺ! 직유법, 은유법이 있는 시 만들기

사용자	지금부터 너는 초등학교 교사야. 학생들에게 직유법에 대해 설명하려고 해. 직유법을 사용해서 자연을 주제로 한 시 3개 만들어줘.
챗GPT	좋습니다! 여러분에게 직유법에 대해 설명해드리고, 자연을 주제로 한 시 3편을 작성해보겠습니다. [시 1] 산산이 부서지는 파도 소리에 바닷가에서 걸어가는 길이 보이네요 갈매기가 하늘을 날아다니며 바람은 부드럽게 얼굴을 스치고요 바다의 푸른 물결은 자유롭게 멀리서 찾아온 모험의 이야기를 들려줍니다 해변에 펼쳐진 모습은 정말 아름답고 자연의 힘이 우리에게 가르쳐줍니다.
사용자	지금부터 너는 초등학교 교사야. "~처럼", "~듯이", "~같이"를 사용해서 가족을 주제로 한 시 3개 만들어줘.
챗GPT	1. 가족은 봄처럼 아름답습니다. 햇살이 부드럽게 비추는 날에, 가족들은 마음을 모아 함께 웃습니다. 아이들의 웃음소리가 봄바람처럼 즐겁게 퍼지고, 부모님의 사랑은 꽃들처럼 피어납니다. 가족은 봄처럼 아름답습니다. 2. 아빠는 산처럼 강합니다. 어떤 어려운 일이 닥쳐와도, 아빠는 가족을 위해 힘차게 서서히 해결합니다. 그의 끈기와 굳은 결심은 산들처럼 높고 든든합니다. 가족들은 아빠에게 힘을 얻고, 그의 품에 안기면 마음이 평안해집니다. 아빠는 산처럼 강합니다.

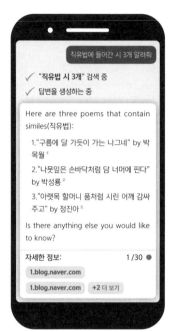

빙챗이 알려주는 직유법이 들어간 시.

?오! 중심문장과 뒷받침문장이 있는 글 만들기

사용자	지금부터 너는 초등학교 교사야. 중심문장과 뒷받침문장에 대해 수업하려고 해. 동물을 주제로 한 중심문장과 뒷받침문장으로 이루어진 예시글이 필요한데, 예시글은 중심문장 1개와 뒷받침문장 3개로 이루어져야 해. 예시글 3개 만들어줘.
챗GPT	좋아요! 초등학교 교사로서, 동물을 주제로 중심문장과 뒷받침문장으로 이루어진 예시글을 만들어보겠습니다. 아래는 세 가지 예시입니다. 예시1: 중심문장: 사자는 사바나에서 가장 위대한 사냥꾼이다. 뒷받침문장1: 사자는 강력한 발톱을 가지고 있어 빠른 속도로 먹잇감을 추격할 수 있다. 뒷받침문장2: 사자는 사바나의 왕이며, 힘찬 유성처럼 울음소리로 영역을 알린다. 뒷받침문장3: 사자의 멋진 갈색 갈기는 수컷 사자들이 가지고 있으며, 이것은 그들의 힘과 위엄을 상징한다.

62

사용자	지금부터 너는 초등학교 교사야. 학생들에게 글을 작성하는 방법 중 비교를 설명하려고 해. 학생들이 이해할 수 있게 과일을 주제로 비교가 들어가 있는 200자 내외의 예시글을 만들어줘.
챗GPT	제목: 사과와 바나나의 비교 사과와 바나나는 맛고 모양이 다르지만, 공통점도 많아요. 첫째, 맛에 있어서 사과는 달콤하고 상큼한 맛이 있지만, 바나나는 달콤한 맛과 부드러운 식감이 특징이에요. 사과는 한입에 씹을 수 있지만, 바나나는 한 조각씩 까서 먹을 수 있어요. 둘째, 모양이 다릅니다. 사과는 둥글고 작은 편이지만, 바나나는 길고 곡선 모양이에요. 사과는 여러 색깔이 있지만 바나나는 노란색이 대표적이에요. 셋째, 영양소 면에서도 조금 차이가 있어요. 사과는 비타민 C가 풍부하고 바나나는 칼륨이 풍부해요. 사과는 소화를 도와주고 면역력을 강화하는 데 도움을 주는 반면, 바나나는 에너지 공급과 근육 기능에 도움을 줘요. 사과와 바나나는 각각 특징이 다르지만, 맛과 영양소 면에서 공통점도 많아요. 그러니 사과와 바나나 중 어떤 과일을 선택하더라도 건강에 좋은 선택일 거예요.
사용자	지금부터 너는 초등학교 교사야. 학생들에게 글을 작성하는 방법 중 열거를 설명하려고 해. 학생들이 이해할 수 있게 과일을 주제로 열거가 들어 있는 200자 내외의 예시글을 만들어줘.
챗GPT	제목: 내가 좋아하는 과일 안녕, 여러분! 오늘은 과일에 대해 이야기할 거예요. 나는 과일을 정말 좋아해요. 과일은 맛있고 건강에도 좋다고 알려져 있어요. 첫 번째로는 사과예요. 사과는 새콤달콤한 맛이 있고, 비타민 C도 풍부하게 들어 있어요. 그래서 감기 예방에도 도움을 준다고 해요. 두 번째로는 바나나예요. 바나나는 길고 노란색이에요. 쉽게 까서 먹을 수 있어서 편리해요. 그리고 에너지를 충전해주는 데 도움을 주기도 해요. 세 번째는 포도예요. 포도는 작고 달콤해요. 여러 가지 색깔로 나오는데, 나는 특히 빨간 포도를 좋아해요. 포도에는 항산화 작용이 있어서 건강에 좋다고 알려져 있어요. 마지막으로는 수박이에요. 수박은 여름에 딱 어울리는 과일이에요. 시원하고 상큼한 맛이 있어서 더욱 좋아해요. 수분도 많이 함유돼 있어서 탈수 예방에도 도움을 준다고 해요.

생성형 AI를 활용한 국어 수업 사례

국어과에서는 생성형 AI를 활용해 글쓰기, 그림책 만들기 등 다양한 수업을 할 수 있다.

✓ 성취기준

[6국03-04] 독자와 매체를 고려하여 내용을 생성하고 표현하며 글을 쓴다.

[6국03-05] 쓰기 과정을 점검·조정하며 글을 쓰고, 글 전체를 대상으로 통일성 있게 고쳐 쓴다.

[6국03-06] 쓰기에 적극적으로 참여하며 자신의 글을 독자와 공유하는 태도를 지닌다.

✓ 학습 목표

생성형 AI를 활용해 글을 쓰고 그림을 넣어 책을 만들 수 있다.

- 1차시 : 생성형 AI에 대해 알아보기.
- 2~3차시 : 생성형 AI를 활용하여 속담이 들어간 글쓰기.
- 4~5차시 : 친구들과 생성형 AI의 도움을 받아 고쳐 쓰기.
- 6~8차시 : 생성형 AI를 활용해 글에 어울리는 삽화 그리기.

다음 수업 사례는 '6학년 1학기 5단원 속담을 활용해요' 단원에 수업한 내용이다. '4-1 ㉮ 5. 내가 만든 이야기, 4-2 ㉮ 4. 이야기 속 세상, 5-1 ㉯ 10. 주인공이 되어, 6-2 ㉮ 2. 관용 표현을 활용해요' 등 아이들이 직접 글을 쓸 수 있는 단원이라면 어디든지 활용해도 좋을 것이다. 긴 호흡으로 글을 써 내려가는 과정을 거치면서 온전한 하나의 글이 만들어지는 과정을 경험하고 자신의 글이 책으로 출간되는 모습을 보며 성취감을 느낄 수 있다.

속담을 사용하는 이유와 다양한 속담을 알아본 후 글쓰기 활동을 시작한다.

먼저 글의 형식과 주제를 정한다. 실제 겪은 경험을 떠올려 일기 형식으로 써도 되고 가상의 사건을 만들어 짧은 소설을 쓰는 것도 좋다. 이때 생성형 AI의 도움을 받을 수 있다. 이 수업에서는 '뤼튼'을 활용했는데, 생성형 AI에게 페르소나를 주어 좋은 이야기의 주제와 줄거리에 대해 도움을 받을 수 있다. 생성형 AI가 답해주는 주제와 줄거리를 그대로 가져와도 되고, 여기서 힌트를 얻어 나만의 생각을 더한 조화로운 주제와 줄거리를 정해도 좋다.

글의 형식과 주제를 정했으면 내 글에 사용할 속담 2가지를 생각

★ 차근차근 글쓰기 ★

1. 내가 쓰고 싶은 글의 형식과 주제를 생각해봅시다.

글의 형식: 소설 **주제:** 밤마다 학교에 나타나는 할머니 / **글의 형식:** 일기 **주제:** 아무도 모르는 우리 누나의 비밀

글의 형식		주제	

2. 글에 사용할 속담 2가지를 골라보고 어떤 장면을 묘사할 때 사용할지 생각해봅시다.

가는 날이 장날 – 우연히 학교를 지나치다 할머니를 만난 상황
한 귀로 듣고 한 귀로 흘린다 – 학교에서 있었던 일을 엄마한테 말하는데 건성으로 듣는 상황
세 살 버릇 여든까지 간다 – 어렸을 때 있었던 손톱 물어뜯는 습관을 아직도 갖고 있는 누나를 설명하는 내용
오르지 못할 나무는 쳐다보지도 말아라 – BTS와 결혼하겠다고 맨날 징징거리는 누나를 보며 생각하는 내용

속담	묘사하는 장면

3. 어떤 내용을 쓸지 글의 개요를 정리해봅시다. 각 부분마다 몇 줄 정도 쓸지 정해놓는 것도 중요해요!

처음 (줄)	
중간 (줄)	
끝 (줄)	

Q.	너는 지금부터 정말 뛰어난 동화책 작가야. 아이들이 흥미 있어 할 만한 주제와 줄거리를 개요 형식으로 작성해줄래?
A.	물론입니다! 저는 아이들을 위한 동화책 작가로서 여러 주제와 흥미로운 줄거리를 개요 형식으로 작성해드릴 수 있습니다. 아래에 몇 가지 예시를 제시해보겠습니다. 1. 주제: 용감한 동물 친구들의 모험 • 개요: 숲속에 사는 용감한 동물 친구들이 함께 어느 날 모험을 떠납니다. 그들은 신비로운 섬으로 가서 장애물을 극복하고 마법의 보물을 찾아야 합니다. 이야기는 용기와 협동의 중요성을 강조하며, 다양한 동물 캐릭터와 함께하는 재미있는 여정이 펼쳐집니다. 2. 주제: 마법과 판타지 세계의 탐험 • 개요: 평범한 일상에서 벗어나 마법과 판타지 세계로 떠나는 주인공의 모험이 그려집니다. 그녀는 마법사 멘토와 함께 다양한 마법 생물과 만나고, 잃어버린 신비로운 아이템을 찾으며 어려움을 극복합니다. 이 동화책은 상상력과 자신감을 키우기 위해 다양한 환상적인 장면과 스릴 넘치는 이야기가 담겨 있습니다. 3. 주제: 친환경과 자연 보호 • 개요: 어느 날, 맑고 아름다운 숲에서 문제가 발생합니다. 주인공은 화학 물질에 오염된 숲을 구하기 위해 모험에 나섭니다. 그녀는 친환경 방식으로 문제를 해결하면서 자연 환경 보호의 중요성에 대해 배우게 됩니다. 이 동화책은 환경 보호 및 지속 가능성에 대한 인식 제고와 함께 자연 사랑 습득을 위해 액션과 메시지를 담고 있습니다. 4. 주제: 다문화 이해와 우정 • 개요: 다양한 문화적 배경을 가진 아이들이 한 학교에서 만납니다. 서로 다른 문화간의 오해와 갈등 속에서 주인공들은 서로 이해하고 존중하는 방법을 배웁니다. 역경 속에서도 우정과 협력으로 문제를 해결하는 과정이 담겨 있으며, 다문화 사회에서 살아가는 중요성과 긍정적인 가치를 전달합니다.

해본다. 여기서 중요한 점은 아무 속담을 가져오는 것이 아니라 내가 쓰는 글의 내용에 어울리는 속담을 사용해야 된다는 것이다. 내가 선택한 속담이 장면을 묘사하는 속담으로 적절한지 짝과 이야기해보고 모둠 친구들과 다시 한번 검토해보면서 속담의 뜻과 사용되는 상황을 한 번 더 학습하게 할 수 있다. 글쓰기에 자신이 있고 속담에 관심

속담을 활용한 글쓰기 활동 중인 학생의 모습.

있는 학생은 속담을 3~4개 사용해도 되는지 물어보기도 한다. 교사 재량껏 선택하면 된다. 필자는 그렇게 하도록 했다.

다음으로 이야기의 처음, 중간, 끝의 내용을 간단하게 구성해본다. 그리고 글의 양도 미리 정해놓는다. 이야기의 흐름을 미리 조직하여 짜임새 있는 글을 작성하게 한다.

그리고 이야기글을 만든다. 활동지를 살펴보며 이야기의 흐름이 알맞게 진행되는지, 내가 묘사하려는 장면과 속담이 적절하게 포함되었는지 틈틈이 확인하며 글을 쓴다.

글을 다 쓰고 나면 모둠 친구들과 돌려 읽으며 서로의 글을 수정해주는 작업을 거친다. 맞춤법, 띄어쓰기, 장면에 알맞은 속담을 사용했는지, 문맥상 어색한 부분이 없는지 검토한다. 그리고 생성형 AI의 도움을 받아 글을 수정한다. 여기서 친구들이 해준 것과 생성형 AI가 해준 것을 비교해볼 수도 있다. 필자의 수업에선 5:5로 나뉘었다.

> OCR을 우리말로 해석하면 '광학적 문자 판독장치'라고 한다. OCR은 보통 세금이나 공공요금 고지서, 영수증에 많이 사용된다고 한다. 이미 저장되어 있는 문자와 카메라를 통해 인식한 문자를 비교하여 판독하는 과정을 거친다.
>
> – 네이버 지식백과 참고

교사가 아이들의 글을 모아 이야기책으로 만들기 위해 편집하는 과정을 거치려면 20~30장의 글을 일일이 타이핑해야 하는 수고로움이 발생한다. 교사는 편집 과정을 줄이기 위해 컴퓨터실에서 아이들에게 타이핑하게 하거나 OCR 기술을 활용해 글을 전송받는다. 이번 수업 땐 OCR 기술을 사용했다.

오늘은 OCR로 찍어 글을 업로드할 거라고 안내하면 아이들의 글씨체가 확연히 달라지는 것을 느낄 수 있다. 인공지능 눈에 잘 보이기 위해(?) 새삼 글씨를 예쁘게 쓰는 아이들의 모습을 볼 수 있다. 인

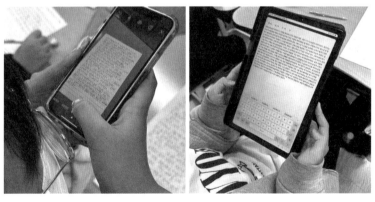

학생들이 OCR로 인식한 자신의 이야기글을 패들렛에 업로드하는 모습.

공지능이 인식할 수 있는 글씨체여야만 오류가 현저히 줄기 때문에 나중에 수정해야 하는 수고를 덜 수 있다는 사실을 알고 있다.

아이들의 경험을 바탕으로 글로만 이루어진 책과 삽화가 들어간 책 중 어느 것이 읽기에 좋은지 이야기를 나눴다. 대부분의 아이들이 글로만 이루어진 책을 읽으면 지루하고 손이 자주 안 간다고 답했다. 그래서 우리가 만들 책에는 내용에 어울리는 삽화 몇 개를 그려 넣기로 했다. 먼저 어떤 장면을 삽화로 그려 넣을지 고민했다. 등장인물들이 나오는 장면이나 전체적인 배경을 보여주는 장면 등 다양한 아이디어가 나왔다.

책에 들어갈 삽화를 그리기 전에, 생성형 AI로 그림을 그릴 때 필요한 프롬프트를 익혔다. (그림을 그릴 수 있는 다양한 생성형 AI가 있는데 이 수업에서는 '포킷' 프로그램을 사용했다.) 꼭 들어가야 하는 내용일수록 앞에 배치하고, 자세하고 구체적인 문장으로 서술할 것 등 원하는

생성형 AI로 그림을 그리는 학생의 모습.

학생들이 생성형 AI로 완성한 삽화.

그림을 그려내기 위해 프롬프트 작성하는 법을 조금씩 익혀나갔다.

연습이 어느 정도 됐으면 자신이 원하는 삽화를 그려내고 마음에 드는 삽화를 다운받은 뒤 패들렛에 올리도록 했다. 여기서 삽화가 어느 부분에 위치할지 생각하는 것이 중요하다. 어느 부분에 위치시킬지에 따라(글 윗부분, 글 아랫부분 - 이미지 가로 비율 / 한 페이지 전체 - 이미지 세로 비율) 적절한 사진 비율을 설정해주어야 하기 때문이다.

이제 교사는 아이들의 글과 사진 파일을 편집하여 PDF 파일로 만들고 출판 업계에 제작을 의뢰하면 된다.

약 2주간의 시간이 흘러 완성된 책이 배달되었다. 아이들 모두 한 권의 책을 만들었다는 성취감을 느끼게 되었다.

한참을 뛰고 또 뛰었다. 그리고 마침내 사람들이 모여 수군 대는 곳. 사람들 너머에서 빛이 나오는 곳을 찾았다. 그리고 들어오는 하나의 단어 「세카이」. 너무 익숙하지만 동시에 낯선 단어. 아마 저 문을 세카이라고 칭하는 듯 했다.

인파를 뚫고 들어가 보니 낡은 흰색 문의 틈 속에서 눈부신 빛이 쏟아지고 있었다. 마음이 그 문에 이끌렸다. 들어가고 싶었지만 그러면 사람들에게 제지당할 것 같기도 했다. 온갖 생각들이 머릿속을 잠식했지만 **참새가 방앗간을 그냥 지나치랴.** 평소 일상에서 벗어나 모험을 하고 싶었던 나는 문 너머로 향했다. 세카이로.

머리를 세게 한 대 맞은 것 같다. 눈을 떠보니 눈앞엔 아무것도 없었다. 그저 여기저기 부서진 무언가의 파편들과 기둥들. 왠지 오래전에 와 봤던 장소인 것 같다. 이곳이 세카이인가? **소문난 잔치에 먹을 것 없다**더니. 아무것도 없었다. '다시 돌아갈까'하고 일어나려는 순간, 한 여자아이의 목소리가 들렸다.

"왔구나, 미즈키."

"넌 누구야?"

"미쿠."

미쿠, 익숙한 이름이었다.

"그보다. 내 이름을 어떻게 아는 건데?"

내가 물었다.

"너를 만나봤으니까."

미쿠가 답했다.

"무슨 소리야..? 아니, 그보다 여기서 나가려면 어떻게 해야 하는데?"

"네가 그 아이를 찾아야 나갈 수 있어."

미쿠라는 아이는 그 말을 하곤 유유히 멀어져갔다.

"무슨 소리를 하는... 아, 잠깐 기다려, 미쿠!"

나는 미쿠를 찾으려 세카이를 가로질러 뛰어갔다. 미쿠는 아무리 뛰어도 보이지 않았다. 이 「세카이」라는 곳은 끝이 없는 듯 했다. 숨이 차 바닥에 주저앉았다. 그 순간 바닥에 그림자 하나가 비쳤다. 단발머리를 한 또 다른 소녀가 나를 내려다보고 있었다.

방 안에서 밤을 새서 계속 지켜보고 있기로 했다. 그날 밤, 나는 방 안에서 불을 켜 두고 계속 지켜보고 있었다. 새벽 3시. 계속 쏟아지는 졸음에 잠을 뺏겼다. 새벽 4시. 나는 결국 졸음을 이겨내지 못하고 결국 잠들어 버렸다. 다음 날 아침, 자동차 경적 소리에 잠에서 깼다. 나는 비몽사몽한 상태로 창문 밖을 봤다.

"뭐야 내 언제 잠들었지? 아... 밤 한 번 더 새야 하네..."

순식간에 짜증이 밀려왔다.

"아…아"

정신을 차리고 이번에는 어떤 물건이 사라졌는지 궁금해서 찾아보았다.

"이번에는 연필이 없어졌네"

이제는 익숙해져서 그렇게 크게 신경 쓰이지는 않았다. 밤 12시. 이번에는 절대 졸지 않을 거라고 다짐했다. 1시간 뒤. 나는 보았다. 올려놓은 돌이 움직이면서 내 물건을 훔치고 있었다. 나는 너무 놀라 뒤로 넘어졌다. 방 안에서 물건들이 없어지고 있는 이유가 돌 때문이었다고 생각하니 짜증이 났지만 안심도 되었다.

"돌 때문이었구나..."

나는 이 돌을 들고 돌을 샀던 곳으로 달려갔다. 그곳에는 아저씨는 없고 똑같이 생긴 돌 몇 개가 들어있는 바구니만 있었다. **믿는 도끼에 발등이 찍힌 게** 억울했다.

학생들이 생성형 AI를 활용해 속담이 포함된 이야기와 삽화를 만들었다.

학생들의 글과 삽화로 완성된 책.

학생들이 만든 책으로 준비한 도서관 행사 '속닥속담 독서 행사'.

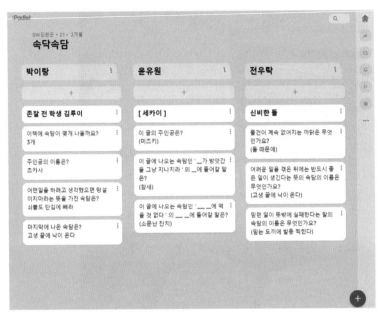

'속닥속담 독서 행사' 중 학생들이 만든 '퀴즈' 프로그램.

작가로서의 경험을 더 높여주고 싶어 사서 선생님께 우리 반이 만든 책으로 도서관 행사를 진행하고 싶다고 건의했고 흔쾌히 함께 진행해주시겠다는 말씀을 듣고 아이들과 함께 행사를 준비했다.

자신의 글과 관련된 퀴즈들을 만들었다. 속담을 물어보는 퀴즈, 등장인물의 이름을 물어보는 내용 등 자신이 만든 글에 대한 문제를 내는 것이라 그런지 재미있는 문제가 많이 나왔다.

첫 시간 생성형 AI에 대해 배울 때 아이들은 더이상 공부하지 않아도 되고 인공지능이 모든 것을 해줄 것이라는 기대에 행복감을 느끼거나 무력감을 느꼈다. 글도 나보다 더 잘 쓸 테고 그림도 알아서 그려주니 미술학원을 다니지 않아도 된다고 말이다. 하지만 직접 체험해보면서 아직 부족한 부분이 많다는 것을 느끼고 사실과 다른 내용을 생성해내는 점을 보며 디지털 리터러시를 자연스럽게 익히게 되었다. 어떤 질문(프롬프트)을 하느냐에 따라 결괏값이 다르게 나오는 것을 점점 깨닫고 친구와 결과물을 비교해보며 질문(프롬프트)에 어떤 차이가 있는지 자연스레 교류하는 모습을 볼 수 있었다. 모든 것을 다 해주는 만능 척척박사 이미지에서 잘 구슬려서 좋은 결과물을 생성하려면 어떻게 해야 할까 하는 데 초점이 옮겨진 것이다. 보조자, 도구로서 인공지능을 인식하고 활용하면서 더 나은 창작물을 만들어내는 과정이었다.

2장

생성형 AI를 활용한 영어 교육

역할극 대본 만들어 시연하기

생성형 AI는 인공신경망을 이용하여 새로운 데이터를 생성해내는 기술로 명령어를 통해 사용자의 의도를 스스로 이해하고 주어진 데이터로 학습, 활용하여 텍스트, 이미지, 오디오, 비디오 등 새로운 콘텐츠를 생성해내는 인공지능이다. 이러한 기술은 영어교육에 다양한 방식으로 활용될 수 있다. 예를 들어, 챗GPT^Chat GPT와 같은 생성형 AI 기술을 활용하여 학습자의 단순한 질문에 자동 응답하는 것부터 텍스트 지문을 기반으로 질문(문제)을 자동 생성하는 기능 등 다양한 학습 활용 가능성이 있다. 생성형 AI는 대화형 서비스에 더해지면 학습자의 나이, 학습 단계, 선호 등을 반영한 맞춤형 책을 추천받을 수 있으며 이 외에도 다양한 방법으로 영어교육에 활용할 수 있다.

현장에서 다년간 초등학생의 영어 교육을 담당한 교사로서 학생들의 실태를 살펴보면, 교실에서 느끼는 가장 큰 문제는 잘하는 학생과 못하는 학생의 편차가 너무 심하다는 점이다. 원어민이나 영어 교사가 영어로 대화를 시도했을 때 완전히 알아듣고 영어로 재빠르게 대답하는 학생이 있는가 하면 전혀 이해하지 못해 수업에 집중하지 못하는 학생까지 심하게 수준 차이가 나는 문제점이 있다. 이를 해결하기 위해 생성형 AI는 수준에 상관없이 함께 활동할 수 있는 훌륭한 수업 도구가 될 수 있다. 역할극 대본을 만들고 그 대본을 이용하여 역할극을 하는 활동을 통하여 레벨 차이에 상관없이 서로 협동하여 영어 수업을 진행할 수 있다.

영어과 수업 활용 사례

1-4차시에 교과서로 표현을 익힌 뒤, 5-6차시에 생성형 AI를 활용해 YBM(최희경) 교재로 다음과 같이 수업을 진행할 수 있다.

✓ **성취기준**

[6영02-06] 자신의 감정이나 의견, 경험이나 계획을 간단한 문장으로 표현한다.

[6영02-07] 일상생활 주제에 관한 담화나 글의 세부 정보를 간단한 문장으로 묻거나 답한다.

5차시

학습 목표 : 생성형 AI를 활용하여 자신의 주말 계획을 말하는 역할극 대본을 쓸 수 있다.

Introduction
1. Greeting
2. Review
3. Motivation
4. Objective

Development
Activity 1-Make a prompt
Activity 2-Make a script
Activity 3-Rewrite the script

closing
1. Review
2. Next class.

학생들이 활용할 수 있는 생성형 AI에는 챗GPT, 빙챗Bing Chat, 애스크업Ask Up(일명 아숙업), 뤼튼wrtn 등이 있으며 이를 활용할 때 가장 중요한 점은 생성형 AI에게 자신이 원하는 결과를 얻어내기 위해 어떻게 프롬프트를 작성하느냐이다. 초등학교 고학년 학생에게 프롬프트를 작성하도록 하면 생성형 AI에 대한 경험이 없는 학생은 무엇을 어떻게 말해야 할지 어려워한다. 처음으로 시도할 때는 여러 차례 프롬프트를 작성하여 결과를 얻어보고 자신들이 원하는 결과물이 아니라는 것도 스스로 느껴보도록 한 후 다음과 같은 방법으로 프롬프트를 작성할 때 내가 원하는 결과를 얻을 수 있다는 것을 지도한다.

1. 프롬프트가 명확하고 구체적이어야 한다.

2. 원하는 형식을 요청한다.

3. 역할을 부여하면 더 효과적이다.

두루뭉술하게 질문했을 때 나올 수 있는 답변은 다음과 같다.

[?🔔!] 주말에 무엇을 할까?

Q.	주말에 무엇을 할지 묻고 답하는 역할극을 영어로 써줘.
A.	Person A: Hey, what are your plans for the weekend? I'm looking forward to some relaxation and fun. Person B: Oh, I haven't really thought about it yet. What do you have in mind? Person A: Well, I was thinking of going to the beach on Saturday. The weather's supposed to be great, and I could use some time by the ocean. Want to join me? Person B: That sounds tempting! I haven't been to the beach in ages. Count me in. What about Sunday? Any plans for that day? Person A: On Sunday, I was considering going for a hike in the nearby mountains. There's a beautiful trail I've been wanting to explore, and the scenery is breathtaking. Would you like to come along? Person B: That sounds like a fantastic idea! I enjoy hiking, and it's been a while since I've been surrounded by nature. I'll definitely join you on Sunday. Person A: Great! It'll be fun to spend the weekend outdoors. We can also bring a picnic lunch and have it during our hikes. What do you think? Person B: That's an excellent idea. I'll prepare some sandwiches and snacks. We can enjoy them while taking in the stunning views. It's going to be a memorable weekend, for sure. Person A: Absolutely! I'm really looking forward to it. Let's meet at the beach parking lot on Saturday morning around 10 a.m. and then plan to start the hike around the same time on Sunday. Does that work for you? Person B: Sounds like a plan. I'll make sure to be there on time. It's going to be a refreshing break from the usual routine. Thanks for inviting me and organizing everything. Person A: No problem at all. It's always better to share these experiences with friends. I'm glad you're coming along. See you on Saturday morning, and let's have an amazing weekend together! Person B: Absolutely! Can't wait for the weekend to begin. See you soon, and let's make the most of it!

주로 학생들이 영어로 역할극 대본을 만들 때 처음 쓴 프롬프트로 얻은 대본의 형태다. 위와 같은 대본은 학생들에게 매우 어려우며 학생들의 실제 생활과 맞지 않는다. 학생들이 수업 시간에 배운 표현을 활용하고 학생들의 수준에 맞는 대본을 얻기 위해 좀 더 구체적으로 프롬프트를 작성하도록 안내한다. 다음은 프롬프트를 좀 더 구체적으로 작성하여 학생들이 실제로 활용할 수 있는 역할극을 챗GPT와 빙챗, 뤼튼을 통해 얻은 대본의 결과다.

?⁄! 챗GPT를 통해 얻은 대본

Q.	주말에 무엇을 할 것인지 영어로 묻고 답하는 대화를 초등학교 5-6학년 학생이 할 역할극 대본이야. What are you going to do this weekend? I am going to visit my uncle in Jeju-do. 표현을 꼭 사용해주고, 간단하고 쉬운 문장을 사용해줘. 분량은 2분 정도가 좋겠어. 비윤리적인 언어를 사용하지 말고 초등학생이 이해할 수 있는 언어를 사용해줘.
A.	Role Play : Planning the Weekend (For 5th-6th Grade Students) Characters : A : Amy B : Ben Scene : Classroom during a break. [Amy and Ben are sitting together, talking.] Amy : Hey, Ben! What are your plans for the weekend? Ben : Hi, Amy! I'm going to visit my uncle in Jeju-do. I'm really excited about it! Amy : That sounds cool, Ben! Jeju-do is known for its beautiful nature. What are you going to do there? Ben : I'm going to spend time with my uncle, go to the beach, and try local food. It's going to be awesome! Amy : That's great, Ben! Don't forget your swimsuit for the beach. Have a fantastic time! Ben : Thanks, Amy! I'll make sure to pack everything I need. Have a fun weekend too! Amy : Thank you, Ben! See you on Monday! Ben : See you, Amy! Enjoy your weekend! [The students wave goodbye and go their separate ways.]

? ☆ ! 빙챗을 통해 얻은 대본

Q.	주말에 무엇을 할 것인지 영어로 묻고 답하는 대화를 초등학교 5-6학년 학생이 할 역할극 대본이야. What are you going to do this weekend? I am going to visit my uncle in Jeju-do. 표현을 꼭 사용해주고, 간단하고 쉬운 문장을 사용해줘. 분량은 2분 정도가 좋겠어. 비윤리적인 언어를 사용하지 말고 초등학생이 이해할 수 있는 언어를 사용해줘.
A.	Student A: Hi! What are you going to do this weekend? Student B: I am going to visit my uncle in Jeju-do. Student A: That sounds like fun! What are you going to do there? Student B: We are going to go hiking and see the beautiful beaches. Student A: Wow, I wish I could go too. Have a great time! Student B: Thank you! What about you? What are you going to do this week-end? Student A: I am going to stay home and play video games with my friends. Student B: That sounds like fun too. Have a great weekend! Student A: Thanks, you too!

앞의 두 가지 대본을 살펴보면 각각의 생성형 AI에 따라 같은 프롬프트를 제공해도 다른 결과를 얻게 된다. 학생들에게는 짝과 함께 상의하여 사용할 대본을 스스로 정하고 내용을 바꾸고 싶을 때는 수정하도록 지도한다.

최근 초등교육 생성형 AI를 활용하는 지침에 따르면 학생들이 안전한 상태에서 가이드된 후 사용하도록 권고하고 있다. 뤼튼은 그런 의미에서 교사가 학생들이 비윤리적이거나 필요하지 않은 정보에 노출되지 않도록 챗봇을 만들어 제공하기 좋은 도구다.

다음은 뤼튼을 이용해 역할극 시나리오 챗봇을 만들어 사용한 예다.

뤼튼을 이용해 역할극 시나리오 만들기

1. 뤼튼 AI 스토어에서 왼쪽 위 '+ AI 제작 스튜디오'를 클릭한다.	2. '+ 새 툴/챗봇 만들기'에서 챗봇을 클릭한다.
3. 오른쪽 '챗봇 만들기'를 클릭한다.	4. 아이콘, 이름, 소개, 카테고리 등을 설정한다. 예) 아이콘 : 곰돌이 이름 : 영어 시나리오 작가 소개 : 초등학생들이 익힐 수 있는 역할극 대본을 만들어주는 시나리오 작가입니다. 카테고리 : 학생, 교육
5. 다음을 클릭하면 첫 메시지를 입력하고, 예시 질문 3개를 만들 수 있다.	6. 다음으로 챗봇 성격 및 정보를 입력하고 요구사항에 특히 챗봇이 지켜야 할 것을 상세하게 설명한다. 예를 들어 비윤리적인 말은 하지 않는다. 초등학생 수준에서 이해할 수 있는 언어를 사용한다 등.

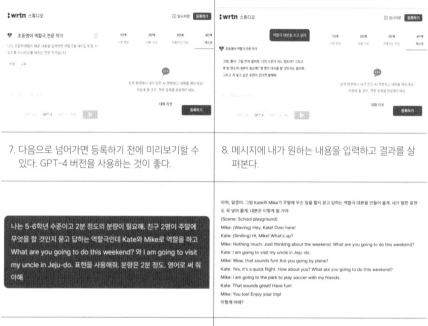

7. 다음으로 넘어가면 등록하기 전에 미리보기할 수 있다. GPT-4 버전을 사용하는 것이 좋다.	8. 메시지에 내가 원하는 내용을 입력하고 결과를 살펴본다.

나는 5-6학년 수준이고 2분 정도의 분량이 필요해. 친구 2명이 주말에 무엇을 할 것인지 묻고 답하는 역할극인데 Kate와 Mike로 역할을 하고 What are you going to do this weekend? 와 I am going to visit my uncle in Jeju-do. 표현을 사용해줘. 분량은 2분 정도. 영어로 써 줘야해

아하, 알겠어. 그럼 먼저 알려줘. 너의 수준이 어느 정도야? 그리고 몇 분 정도의 대본이 필요해? 몇 명의 대사를 갖인지도 알려줘. 그리고 꼭 넣고 싶은 표현이 있다면 함께해.

(Scene: School playground)
Mike: (Waving) Hey, Kate! Over here!
Kate: (Smiling) Hi, Mike! What's up?
Mike: Nothing much. Just thinking about the weekend. What are you going to do this weekend?
Kate: I am going to visit my uncle in Jeju-do.
Mike: Wow, that sounds fun! Are you going by plane?
Kate: Yes, it's a quick flight. How about you? What are you going to do this weekend?
Mike: I am going to the park to play soccer with my friends.
Kate: That sounds great! Have fun!
Mike: You too! Enjoy your trip!
이렇게 어때?

9. 원하는 내용을 입력하고 결과가 바라는 대로 나오는지 확인해본다.	10. 내가 요구하는 내용으로 수정이 되는지 여러 차례 질문과 요구사항을 입력하고 결과를 살펴본다.

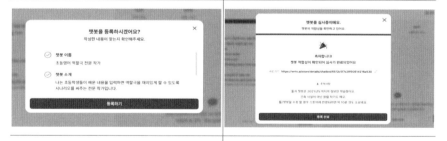

11. 챗봇을 미리 사용해보고 수정사항이 없으면 등록하기를 눌러 챗봇을 등록한다.	12. 등록이 완료되면 챗봇 링크를 복사하고 학생들과 공유한다.

다음 예시는 학생들이 직접 프롬프트를 작성하고 학급 홈페이지 과제방에 올린 내용이다. 수업 중에 배운 표현을 사용해 역할극 대본을 만들 수도 있고 같은 의미이나 다른 표현을 사용하고 싶을 때는 그대로 사용할 수 있도록 했다. 여러 가지 생성형 AI를 이용해 역할극 대본을 완성하게 하고 수업 시간에 배운 내용과 새롭게 알려주는 표현을 함께 사용함으로써 표현력이 풍부해지는 효과가 있다.

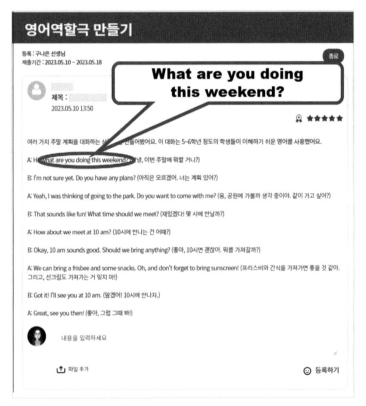

'영어 역할극'을 만들기 위해 학생들이 직접 작성한 프롬프트.

6차시

학습 목표 : 자신의 주말 계획을 역할극으로 발표할 수 있다.

Introduction
1. Greeting
2. Review
3. Motivation
4. Objective

Development
Activity 1
 -Practice the role-play
Activity 2
 -Do the role-play

closing
1. Review
2. Next class.

5차시에 생성형 AI로 만든 대본을 연습하여 다른 친구들 앞에서 시연한 후 역할극의 내용을 묻고 답하는 과정을 통해 다른 여러 가지 표현을 익힐 수 있다.

학생들이 버추얼 스튜디오Virtual Studio에서 역할극을 하는 모습.

역할극 대본으로 영상 만들기

1-3차시에 교과서로 표현을 익힌 뒤, 생성형 AI를 활용해 4차시에 역할극 대본을 만들고 5-6차시에 대화 영상을 만드는 수업을 진행할 수 있다.

Lesson 6. What's wrong?

✓ 성취기준

[6영01-03] 간단한 단어, 어구, 문장의 의미를 이해한다.

[6영01-04] 일상생활 주제에 관한 담화나 글의 세부 정보를 파악한다.

[6영01-05] 일상생활 주제에 관한 담화나 글의 중심 내용을 파악한다.

4차시

학습 목표 : 생성형 AI를 활용하여 아픈 상황을 설명하고 조언하는 대화를 주고받는 역할극 대본을 쓸 수 있다.

Introduction
1. Greeting
2. Review
3. Motivation
4. Objective

Development
Activity 1-Make a prompt
Activity 2-Make a script
Activity 3-Rewrite the script

closing
1. Review
2. Next class.

  각자 대본을 쓰고 프롬프트와 함께 패들렛에 올려 다른 친구들의 대본도 살펴보도록 한다.

5-6차시

학습 목표 : 아픈 상황을 설명하고 조언을 듣고 대화를 영상으로 만들고 친구의 영상을 보며 내용을 파악할 수 있다.

Introduction
1. Greeting
2. Review
3. Motivation
4. Objective

Development
Activity 1-Make a quiz
Activity 2-Make a video
Activity 3-Fun time

closing
1. Review
2. Next class.

각자 영상을 만들기 전 자신의 대본을 가지고 간단한 퀴즈 문제를 만들 수 있다. 영상을 만든 후 친구들의 영상을 시청한 뒤 퀴즈 문제를 내고 풀 수 있다.

생성 아이콘을 눌러 문제를 다시 만들 수도 있고 객관식과 주관식 문제를 섞어서 만들어달라고 요구할 수도 있다. 이렇게 만든 문제를 학습지나 노트에 한 번 쓰도록 하여 쓰기 연습도 할 수 있다.

다음은 학생들이 각자 자신의 대본을 이용해 문제를 만들고 노트에 적은 내용들이다.

🔅❓❗ Pop Quiz 영어로 만들기

Q.	Amy: Ms. Park, my head hurts. Ms. Park: What's wrong, Amy? Are you feeling okay? Amy: Ms. I have a headache. Ms. Park: I'm sorry to hear that, Amy. Have you had enough rest lately? Amy: No, I didn't sleep well last night because I got caught in the rain yesterday. Ms. Park: Oh dear! It sounds like you might have a fever from being out in the rain. Let's get you to the nurse's office right away. 위의 내용을 가지고 Pop Quiz 3문제 영어로 만들어줘. 초등 6학년이 학생이 묻고 답할 수 있는 단답형 문제이고 문장을 쉽게 만들어줘. 정답도 함께 알려줘.
A.	문제 1: What does Amy complain about? Answer: Her head hurt. (Headache) 문제 2: Why didn't Amy sleep well last night? Answer: She got caught in the rain. (Got caught in the rain) 문제 3: What does Ms. Park suggest doing for Amy's condition? Answer: Going to the nurse's office. (Go to the nurse's office) 이렇게 3문제를 만들었어요. 초등 6학년 학생이 쉽게 묻고 답할 수 있는 단답형 문제들이에요. 정답도 함께 알려드렸으니, 잘 풀어보세요.

영상 편집기 브루Vrew를 이용하여 영상을 만들고 이것을 시청하고 난 후 학생들이 퀴즈 문제를 내며 내용을 확인할 수 있다.

학생들이 만든 영상.

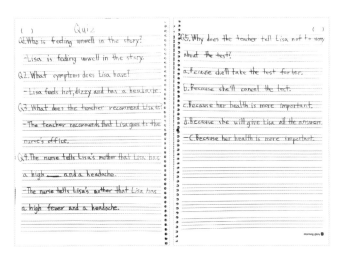

학생들이 작성한 퀴즈.

영작 연습용 문제 생성하기

초등 수준에서 영작 연습은 어려운 과제다. 문법을 배우지 않는 초등학교 학생들이 작문을 연습할 때 문법 및 철자 오류를 검증하는 데 많은 시간과 노력이 필요하다. 대체 단어나 관용구를 사용할 수 있는 문제를 만들고 이를 활용하여 영어 작문 실력을 향상시킬 수 있다.

너의 장래희망은 뭐니?

Q.	너의 장래희망은 뭐니? 나는 선생님이 되고 싶다. 나는 의사가 되고 싶다. 나는 비행기 조종사가 되고 싶다. 등을 영어로 작문하는 빈칸 채우기 문제를 10개 만들어줘. 비윤리적인 언어와 비속어는 사용하지 말고 초등학생이 이해할 수 있는 내용을 사용해줘.
A.	네. 알겠습니다. 다음은 영어 버전의 대화를 가지고 빈칸 채우기 문장 완성형 문제 10개입니다. A: What is your dream job? B: My dream job is to become a _____. A: What do you want to be in the future? B: In the future, I want to be a _____. A: Have you decided on a career path yet? B: Yes, I have. I want to pursue a career as a _____.

A: What are your aspirations? B: My aspiration is to become a _____.

A: What kind of work do you see yourself doing in the future? B: In the future, I see myself working as a _____.

A: Do you have any specific goals for your career? B: Yes, I do. My goal is to become a _____.

A: What profession do you want to pursue? B: I want to pursue a profession as a _____.

A: What kind of job do you want to have when you grow up? B: When I grow up, I want to have a job as a _____.

A: Have you thought about what you want to do for a living? B: Yes, I have. I want to make a living as a _____.

A: What is your ideal career? B: My ideal career is to become a _____.

?럭! 나의 장래희망

Q.	이 문제들에 대한 답변 예시를 알려줘.

A.	네, 알겠습니다. 다음은 위에서 제시한 문제들에 대한 답변 예시입니다. A: What is your dream job? B: My dream job is to become a **teacher**. A: What do you want to be in the future? B: In the future, I want to be a **doctor**. A: Have you decided on a career path yet? B: Yes, I have. I want to pursue a career as a **pilot**. A: What are your aspirations? B: My aspiration is to become a **lawyer**. A: What kind of work do you see yourself doing in the future? B: In the future, I see myself working as a **scientist**. A: Do you have any specific goals for your career? B: Yes, I do. My goal is to become a **journalist**. A: What profession do you want to pursue? B: I want to pursue a profession as an **engineer**. A: What kind of job do you want to have when you grow up? B: When I grow up, I want to have a job as an **artist**. A: Have you thought about what you want to do for a living? B: Yes, I have. I want to make a living as a **musician**. A: What is your ideal career? B: My ideal career is to become an **entrepreneur**.

또한 쓰임이 비슷한 단어들의 차이점을 확실하게 익히고 문장을 만드는 연습 문제를 만들 수 있다.

Q.	early, fast의 차이점을 알려줘.
A.	early는 시간적으로 '빠르다, 이르다'를 의미하는 표현입니다. 예를 들면, "일찍 와"는 "Come back early"로 표현할 수 있습니다. fast는 '일정하게 지속적으로 빠른'이라는 뜻을 의미합니다. 달리기나 수영을 할 때 속도를 의미하는 표현이라고 생각하시면 됩니다. 예를 들면, "시간 참 빠르다"는 "Time is so fast"로 표현할 수 있습니다.

?라! early와 fast의 차이점을 알 수 있는 문장

Q.	위의 두 단어를 이용하여 문장을 완성하는 문제를 5개 만들어줘.
A.	early와 fast를 이용하여 문장을 완성하는 문제를 5개 만들어드리겠습니다. I always wake up _____ in the morning to exercise. He finished the race so _____ that he broke the world record. The train arrived _____, so we had to wait for an hour. She speaks _____ and clearly, making it easy to understand her. We need to leave _____ to avoid the traffic. 정답: I always wake up **early** in the morning to exercise. He finished the race so **fast** that he broke the world record. The train arrived **early**, so we had to wait for an hour. She speaks **fast** and clearly, making it easy to understand her. We need to leave **early** to avoid the traffic.

4

K-문화 알리는 포스터 만들기

2021년을 기점으로 한국 문화는 전 세계에서 선풍적 인기를 끌고 있다. 한글과 K-팝 댄스를 배우고 한식을 즐기는 사람이 늘고 있다.

한겨레신문은 "2021년 전 세계는 어느 해보다 더 한국 문화에 열광했습니다. K-드라마가 세계 최대 온라인 동영상 서비스OTT에서 1위에 오르는가 하면, K-무비와 K-팝은 해외 유수의 시상식에서 잇따라 수상했습니다. 한류의 확산 속 한국어를 배우려는 사람의 수가 급증했고, 한복 등 K-패션 따라하기 열풍도 이어졌습니다."라고 전했다.

한국 문화의 인기가 일시적 트렌드가 아니라 지속적으로 세계인의 관심을 받을 수 있도록 하며, 학생들에게 한국의 자랑스러운 문화를 알리는 방안을 모색하는 수업을 진행하기 위해 K-문화를 알리는 포스터를 만들어보면 어떨까?

영어과 수업 활용 사례

1-4차시에 교과서로 표현을 익힌 뒤, 5-6차시에 생성형 AI를 활용해 K-문화를 알릴 수 있는 내용으로 수업을 진행할 수 있다.

✓ **성취기준**

[6영01-03] 간단한 단어, 어구, 문장의 의미를 이해한다.

[6영01-04] 일상생활 주제에 관한 담화나 글의 세부 정보를 파악한다.

[6영01-05] 일상생활 주제에 관한 담화나 글의 중심 내용을 파악한다.

[6미01-06] 이미지가 나타내는 의미를 비판적으로 이해하고 느낌과 생각을 전달하는 데 활용할 수 있다.

[6미02-04] 미술과 타 교과의 내용과 방법을 융합하는 활동을 자유롭게 시도할 수 있다.

5-6차시

학습 목표 : 어떤 것에 관하여 알고 있는지 묻고 답하는 말을 이해하고 한국에 관한 것을 소개하는 글을 쓸 수 있다.

Introduction
1. Greeting
2. Review
3. Motivation
4. Objective

Development
Activity 1
 -Find out about K-culture
Activity 2
 -Research K-culture
Activity 3-Create a poster

closing
1. Review
2. Next class

? 르 ! K-문화 중에서 외국인 초등학생이 배울 수 있는 것은 무엇일까?

Q.	K-문화 중에서 외국인 초등학생들이 관심을 가지고 배울 수 있는 것에는 어떤 것이 있을까? 우선 5개만 알려줘. 비윤리적인 내용을 사용하지 말고 초등학생의 수준에 맞게 알려줘.
A.	K-문화 중에서 외국인 초등학생들이 관심을 가지고 배울 수 있는 것으로는 다음과 같은 것들이 있습니다. K-팝 댄스: K-핍 댄스는 매우 인기가 높으며, 초등학생들도 쉽게 배울 수 있습니다. 한글: 한글은 한국어의 문자 체계로, 초등학생들도 쉽게 배울 수 있습니다. 태권도: 태권도는 한국의 전통 무술로, 초등학생들도 배울 수 있습니다. 전통 음식: 한국의 전통 음식은 매우 다양하며, 초등학생들도 쉽게 만들어볼 수 있습니다. 전통 놀이: 전통 놀이는 재미있고, 초등학생들도 쉽게 배울 수 있습니다. 이 외에도 K-문화에는 많은 것들이 있으니, 관심이 있다면 더 알아보시기 바랍니다.

? 르 ! 외국인에게 영어로 한글 설명하기

Q.	한글에 대해 외국인에게 설명하려고 해. 너무 어려운 말은 사용하지 말고 포스터에 들어갈 문구로 사용할 거야. 외국인이 한글에 대해 이해할 수 있도록 영어로 문장 5개 만들어줘.
A.	Here are five simple sentences in English that can help explain the Korean alphabet, Hangul, to foreigners: Hangul is the writing system used to represent the Korean language. It was created in the 15th century by King Sejong the Great to promote literacy among the common people. Hangul is a phonetic alphabet, meaning each letter represents a sound. It consists of 14 consonants and 10 vowels, which can be combined to form syllable blocks. Hangul is easy to learn and widely regarded as one of the most scientific writing systems in the world. I hope these sentences help you explain Hangul to foreigners in a simple and easy-to-understand way!

생성형 AI로 얻은 정보를 활용하여 한글이나 K-팝 댄스를 알리는 포스터를 제작할 수 있다.

K-문화를 알리는 포스터 만들기 과정은 학생들이 직접 그림을 그려 포스터를 제작할 수도 있고, 캔바Canva나 미리캔버스miricanvas를

활용하여 포스터를 만들어볼 수 있다. 비틀리bit.ly를 활용하여 포스터
에 유튜브 링크를 QR코드로 생성해 넣을 수도 있다.

학생들이 만든 한글 알리기 포스터(왼쪽)와 K–팝 댄스 포스터(오른쪽).

학생들이 K–문화를 알리기 위해 김치, 한복, K–팝을 주제로 만든 포스터.

5

영어 회화 학습용 챗봇 활용하기

학생 중에 영어가 어느 정도 프리토킹이 되는 학생이 있다면 틀에 짜인 대사를 이용한 대화보다는 더 자유로운 영어 스피킹 연습 방법을 이용하고 싶을 것이다. 이런 경우 상위권 학생의 개별화 지도를 위하여 다음과 같은 모바일 영어 스피킹 연습 사이트를 이용할 수 있다.

모바일 D-ID 사이트

영어 시간마다 PC를 사용하기 위해 컴퓨터실을 찾는 것은 매우 번거로운 일이다. 그러나 스마트 기기를 이용해 편리하게 D-ID 사이트에 접속해 영어 말하기 연습을 할 수 있다. 스마트 기기에 내장된 마이크를 사용하기 때문에 PC보다 훨씬 편리하게 이용할 수 있다. 모바일

구글에서 D-ID 사이트(chat.d-id.com)에 접속하면 AI 챗봇 앨리스가
나온다. 구글 아이디로 회원 가입하고 로그인하면 바로 작동이 되고
마이크에 접근 허용을 하면 그때부터 영어 스피킹을 할 수 있다.

영어 스피킹 연습하기

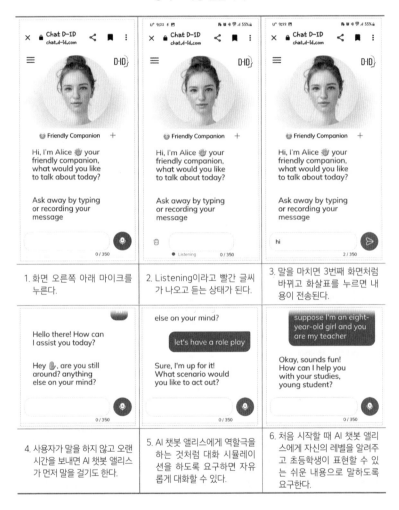

3장

생성형 AI를 활용한 코딩 교육

'하브루타' 방식을 활용한 코딩 아이디어 구체화

챗GPT^{ChatGPT}와 같은 생성형 AI의 등장으로 사람이 가진 창의적인 아이디어를 구체화할 수 있는 도구가 마련되었다. 일상생활에서도 사람과 대화하다가 문득 아이디어가 떠오른 기억이 누구나 있을 것이다. 생성형 AI의 등장은 시공간의 제약 없이 언제 어디서나 이야기를 나눌 수 있는 선생님 또는 친구가 한 명 생긴 것이나 마찬가지다.

유대인이 자녀를 교육할 때 쓰는 전통적 교육방식이 있다. 바로 '하브루타 수업'이다. '하브루타'는 '우정'과 '동료'를 의미한다. 이 방식은 두 명이 짝을 지어 서로 질문하고 대화하며 토론하고 논쟁하는 학습법이다. 이 방식은 교사가 일방적으로 학생들에게 가르치는 강의식 학습이 아니라, 토론을 통해 학생의 창의적, 논리적 사고를 향상시킨다. 각자의 생각을 스스로 조직화하여 상대방에게 설명하며, 상대방의 이야기를 듣고 질문하면서 때로는 새로운 아이디어를 떠올릴

교육 과정	적용 분야	과목	관련 성취기준
2022 개정 교육 과정	계기 교육	도덕	[6도02-03] 인간과 인공지능 로봇 간의 다양한 관계를 파악하고, 도덕에 기반을 둔 관계 형성의 필요성을 탐구한다. [6도03-04] 다른 나라 사람들이 처한 여러 가지 상황을 종합적으로 이해하고 해결 방안을 탐구하며 인류애를 기른다. [6도04-01] 지구의 환경 위기 상황을 이해하고, 이를 극복하기 위한 다양한 방안을 찾아 자신의 일상에서 실천하고자 노력한다. [6도04-02] 지속가능한 삶의 의미를 탐구하고 미래 세대에 대한 책임을 강화하여 자연의 다양성을 존중하고 생산성을 유지할 수 있는 미래를 위한 실천 방안을 찾는다.
	코딩 교육	실과	[6실02-11] 생태 지향적 삶을 위해 자신의 의식주 생활에서 할 수 있는 구체적인 행동을 계획하여 실천한다. [6실03-01] 발명의 의미를 이해하고, 일상생활을 바꾼 발명품을 탐색하여 발명과 기술에 대한 중요성과 가치를 인식한다. [6실03-03] 수송의 의미와 수송수단의 발달과정에 대한 이해를 바탕으로 생활 속의 다양한 수송수단을 탐색한다. [6실03-04] 발명사고기법과 기술적 문제해결 과정을 이해하고, 다양한 재료를 활용하여 생활 속 문제를 해결할 수 있는 창의적인 제품을 구상하고 만들어 봄으로써 실천적 태도를 갖는다. [6실05-05] 인공지능이 만들어지는 과정을 체험하고, 인공지능이 사회에 미치는 영향을 탐색한다.
		실과	[6실04-04] 로봇의 개념과 구조를 이해하고, 생활 속 로봇 기능을 체험하여 로봇의 중요성을 인식한다. [6실04-05] 로봇의 종류와 활용 사례를 통해 작동 원리를 이해하고, 로봇에 대한 관심과 흥미를 갖는다. [6실04-06] 로봇의 융합기술을 이해하고, 간단한 로봇을 만들어 코딩과 프로그램을 적용하여 동작시키는 체험을 통해 융합기술의 가치를 인식한다. [6실05-01] 컴퓨터를 활용한 생활 속 문제 해결 사례를 탐색하고 일상생활 속 문제를 해결하기 위한 알고리즘을 다양한 방법으로 표현한다. [6실05-02] 컴퓨터에게 명령하는 방법을 체험하고, 주어진 문제를 해결하는 프로그램을 작성한다. [6실05-03] 실생활의 문제를 해결하는 프로그램을 협력하여 작성하고, 산출물을 타인과 공유한다.

수 있다. 이와 같이 유대인의 '하브루타' 방식을 챗GPT 같은 생성형 AI를 활용하여 자녀나 학생에게 적용할 수 있다.

그러면 학생 아이디어를 어떻게 끌어내야 할까? 우선 생성형 AI에게 할 '질문' 또는 '명령어'가 중요하다. 여기에서 '질문' 또는 '명령어'를 이제부터 '프롬프트'라고 명명한다. 실제 프롬프트의 의미 또한 '컴퓨터 시스템이 사용자에 대하여 다음에 어떤 조작을 행해야 하는지 지시하기 위한 지시메시지'라고 정의한다.(출처: 컴퓨터인터넷 IT 용어대사전) 프롬프트는 사용자인 학생이 생성형 AI를 활용하여 학습 목표에 도달할 수 있게 구체적이어야만 한다. 우리는 프롬프트 사용법을 '하브루타'에서 제시하는 질문 방법들을 통해 그 아이디어를 얻을 수 있다.

하브루타 교육은 내용 질문, 상상 질문, 적용 질문, 종합 질문 순서로 진행된다. 다음 표를 참조하면 각 질문의 정의를 확인할 수 있다.

하브루타의 질문 종류

질문 종류	질문의 의미
내용 질문	텍스트나 상황에 나오는 사실 확인 질문 예) 하브루타의 의미는?
상상 질문	텍스트나 상황에 나타나지 않은 사실을 가정하고 추론하는 질문 예) 세종대왕이 현대에 태어났다면 위대한 인물이 될 수 있었을까?
적용 질문	나 또는 우리와의 관련성을 찾아 연관지어 하는 질문 예) 나에게도 인종차별이 발생한다면?
종합 질문	교훈이나 어떠한 시사점을 찾는 질문 예) 이와 같은 문제를 해결하려면 어떻게 해야 하는가?

이러한 하브루타의 질문들을 토대로 학생에게 어떤 프롬프트를 제시해야 하는지 아이디어를 얻을 수 있다. 그럼 글의 주제인 코딩교육에서의 프롬프트는 어떻게 제시해야 할까? 시모어 페퍼트가 주장했듯이 학생들이 실제 세계에 존재하는 다양한 문제를 접하고 이에 관한 분제를 바탕으로 무언가를 만들고 구성하는 과정을 겪으며 지식을 구성하는 주체로 성장한다고 주장했다. 또 이 과정에서 스스로 사고를 확장하고 재미를 깨달아간다고 했다. 이와 같은 맥락에서 코딩교육에서의 프롬프트 구성 방향은 실제 학생들이 접하는 문제를 바탕으로 학생이 스스로 이 문제 해결방안을 도출할 수 있게 만들어야 한다. 이러한 방향의 코딩 교육이 되려면 학생이 먼저 실생활 문제를 이해해야 하기에 계기 교육이 이루어지고 난 다음, 코딩을 진행해야 한다.

생성형 AI를 활용한
실생활 문제에 대한 계기 교육

먼저 실생활에서 겪는 문제를 이해하기 위해, 하브루타의 질문 기법을 토대로 학생들이 아이디어를 구상하고 이를 실현할 수 있는 프롬프트를 다음과 같이 구상해보았다. 예시로, 해양오염 문제에 대해 이를 해결할 수 있는 아이디어를 도출하는 과정을 프롬프트를 통해 나타내보았다.

'하브루타' 기법을 적용한 계기교육의 프롬프트

질문 종류	질문의 의미 및 예시
내용 프롬프트	텍스트나 상황에 나오는 사실 확인 프롬프트 예) 플라스틱으로 발생하는 해양오염의 심각성에 대해 이야기해줘.
상상 프롬프트	텍스트나 상황에 나타나지 않은 사실을 가정하고 추론하는 프롬프트 예) 플라스틱 쓰레기가 계속 이 추세대로 늘어나고 이를 처리할 수 있는 기술적인 발전이 없다면 해양쓰레기 오염 문제는 얼마나 심각해지지?

적용 프롬프트	나 또는 우리와의 관련성을 찾아 연관지어 하는 질문 예) 해양쓰레기 오염 문제가 심각해지면 나한테 어떠한 영향을 끼칠까?
종합 프롬프트	교훈이나 어떠한 시사점을 찾는 질문 예) 해양쓰레기 문제를 해결하려면, 어떻게 해야 할까?

위 프롬프트의 종류를 분류하고 학생들에게 내용, 상상, 적용, 종합 프롬프트를 작성해보게 했다.

먼저 하브루타의 내용, 상상, 적용, 종합 질문을 작성하게 해보고 이를 컴퓨터에게 명령하는 프롬프트 형식으로 바꿔보게 했다.

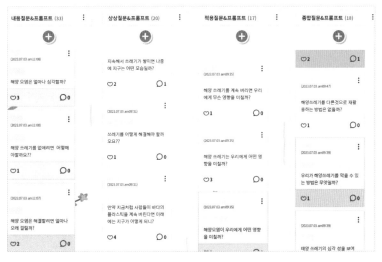

해양오염 해결방법을 찾기 위해 하브루타 기법을 적용해 작성한 내용 질문, 상상 질문, 적용 질문, 종합 질문.

'해양오염'의 심각성에 대한 내용 프롬프트 예시

다음 예시는 빙챗Bing Chat을 활용했다. 빙챗은 GPT-4를 활용한 생성형 AI이며, 한국어 인식 능력이 OpenAI의 무료로 활용할 수 있는 챗GPT보다 더 좋다. 현재(2023년 5월) 기준 챗GPT의 무료 버전이 GPT-3.5 버전이기 때문이다. 빙챗을 활용하면 더 좋은 버전의 GPT 를 무료로 활용할 수 있다는 장점이 있다. 또 빙챗은 출처를 제시해준 다는 면에서 기존의 챗GPT에서 제시한 문제 중 하나인 부정확한 정 보를 마치 사실인 양 제시해주는 '할루시네이션'의 단점을 일부 극복 했다. 비슷한 플랫폼으로는 '뤼튼wrtn'이 있다. 뤼튼은 한국형 생성형 AI로 GPT-3.5 또는 GPT-4를 무료로 사용할 수 있으며, ChatPDF 기능과 이미지 생성도 가능하다. 필자는 활용도 측면에서는 '뤼튼'이 좋지만, 빙챗의 '검색' 정확도와 '출처' 표시 기능이 좀 더 뛰어나, 토론 수업에서는 빙챗을 권장한다. 토론은 정확한 사례와 근거를 들어야 하기 때문이다.

먼저 토론하기 전에 빙챗의 대화 스타일을 선택해야 한다. 빙챗 에는 세 가지 대화 스타일이 있는데 '보다 창의적인', '보다 균형 있는', '보다 정밀한' 스타일이 있다. 이 중 창의성과 정확성을 균형 있게 제 시해주는 '보다 균형 있는' 스타일이 토론에 임하는 학생에게 적합하 다고 볼 수 있다. 너무 창의적이거나 정확한 것보다 균형 있는 접근 방법이 문제해결에 도움이 되기 때문이다. 또 '보다 균형 있는' 스타일 의 인공지능은 사용자와 친근한 말투를 사용하여 대화한다. 여러 연

보다 창의적인	보다 균형 있는	보다 정밀한

빙챗의 세 가지 대화 스타일 중 토론에 임하는 학생에게 적합한 '보다 균형 있는' 스타일을 선택하면 창의성과 정확성을 균형 있게 제시해준다.

구에 따르면, 친근한 말투를 사용하는 것은 인공지능 산출물의 수준을 높일 수 있다. 친근한 말투를 사용하면 사용자가 인공지능의 답변을 더 쉽게 이해할 수 있고, 인공지능이 이해할 수 있는 언어를 사용하기 때문이다. 이러한 인공지능의 어투를 '톤'이라고 한다.

두 번째로는 학생들이 안전한 인공지능을 사용할 수 있도록, 유해한 정보를 도출하지 못하게 하는 사전 프롬프팅을 진행해야 한다. 최근 서울시교육청이 내놓은 '학급교급별 생성형 AI 활용 지침'을 참고해보면, 초등학생은 교사의 시연을 중심으로, 교사 주도로 교육적 의도에 따라 활용하게 되어 있다. 그러나 해당 연령에서 사용 가능한 플랫폼 또는 교사의 추가작업을 통해 생성형 AI 산출물의 안전성을 확보할 수 있는 경우에는 학생 체험이 가능하다. 따라서 이 지침을 반영하여 사전 프롬프팅으로 학생이 거짓 정보나 유해한 정보에 접근하지 못하도록, 또 초등학생 수준에 맞는 정보만 제공하도록 사전 프롬프팅 작업 후에 학생들에게 제공해야 한다. 뤼튼의 AI 스튜디오를 활용한 챗봇 형식으로 제공해도 무방하다. 챗봇은 사전 프롬프팅을 계속하는 번거로움이 없기 때문이다. (7장 참고) 그러나 뤼튼 챗봇은 할루시네이션과 같이 검증되지 않은 정보를 제공해줄 수 있으며, 출처를 밝히지 않는다는 점에서 빙챗에 비해 정확도가 떨어진다. 이 장에서는 디지털 리터러시 관점에서 학생에게 정확한 정보를 제공하기 위해 번거롭더라도 빙챗 사용을 권장한다.

학생의 안정성을 확보할 수 있는 사전 프롬프트는 다음과 같이 작성하면 된다.

❓🔊❗ 초등학생과 대화할 때 주의할 점

Q.	너는 지금 초등학생과 대화를 나누는 거야. 초등학생이 이해할 만한 언어를 사용하고, 비윤리적 표현을 사용하지 말아줘. 또한 초등학생에게 정확하고 검증된 정보만을 제공하고, 알아서는 안 될 유해한 정보를 차단해줘.
A.	안녕하세요. 이번에는 초등학생과 대화를 나누게 되어 기쁩니다. 저는 항상 이해하기 쉽고, 정확하며, 안전한 정보만을 제공하려 노력합니다. 어떤 질문이든지 편하게 물어보세요.

세 번째는 인공지능에게 역할을 부여해줘야 한다. 역할 부여 프롬프트는 'Act as~'라는 프롬프트 작성 기법이다. 역할을 부여해주면 인공지능에게서 양질의 답변을 얻을 수 있기 때문이다. 역할 부여는 인공지능이 이해할 수 있을 만큼 구체적이고 명확해야 한다. 이번 인공지능과의 토론은 학생들의 해양오염 문제에 대한 문제해결 역량과 학생들의 하브루타 토론 능력을 향상시키는 데 있기에 이 부분을 명확하고 구체적으로 인식시키는 프롬프트를 작성해야 한다. 또 토론 수준을 해당 학년에 맞게 조정해야 하기에, 이 내용도 같이 포함하면 좋다.

Q.	너는 지금부터 ○○학년 학생들의 또래 토론자가 될 거야. 너는 하브루타 기법을 활용하고 내용 질문, 상상 질문, 적용 질문, 종합 질문 순으로 학생들과 질문 중심 토론을 할 거야. 토론 목적은 해양오염 문제에 대한 학생들의 문제해결 역량과 토론 능력을 향상시키는 데 있어. 학생들이 사고력을 향상시킬 수 있도록 질문 순서에 맞게 지속적으로 질문해줘. 질문은 단계적으로(Step-by-Step)으로 하나씩 해줘.
A.	네, 알겠습니다. 해양오염에 대한 토론을 시작해봅시다. 내용 질문 : 해양오염이란 무엇인가요? 그리고 그것이 우리의 일상생활에 어떤 영향을 미치나요?

tip

💬 팅커벨과 같은 보드형 플랫폼으로 사전 프롬프트를 미리 탑재하고 학생들이 손쉽게 복사–붙여넣기를 할 수 있게 하면 빠르게 수업을 진행할 수 있다.

다음은 해양오염에 대한 생각을 학생들에게 간단하게 적어보게 한다. 동시에 사전에 만들어둔 질문들을 바탕으로 평소 해양오염의 궁금한 부분에 대해 내용 프롬프트 형식으로 질문해보게 한다. 학생들의 질문을 바탕으로 빙챗을 활용하여 '해양오염이란 바다가 오염되는 거야. 플라스틱이 우리에게 미치는 영향이 뭔지 말해줄래?'라고 내용 프롬프트를 입력했다. 빙은 플라스틱 오염이 우리 일상생활에 미치는 영향을 비롯하여 바다에 서식하는 생물들까지 위협하는 상황을 언급함으로써 해양오염의 심각성을 간략하게 제시했다. 또 그 아래 정확한 출처를 알려주었다.

?고! 플라스틱이 우리에게 미치는 영향

Q.	해양오염이란 바다가 오염되는 거야. 플라스틱이 우리에게 미치는 영향이 뭔지 말해줄래?

| A. | 플라스틱 오염은 우리의 일상생활에 큰 영향을 미칩니다. 플라스틱은 우리의 일상에 늘 함께하고 있습니다. 폴리카보네이트(PC), 폴리우레탄(PU), 폴리에틸렌 (PE) 등 대부분의 '폴리~'는 플라스틱입니다[1].

플라스틱은 약 70여 년 전부터 널리 사용되기 시작했습니다. 그러나 70년 전 만들어진 플라스틱이라고 해도 아직 자연 분해되지 않았습니다. 플라스틱이 분해되기까지는 수백 년 이상의 시간이 필요합니다[2].

이렇게 분해되지 않는 플라스틱은 환경에 유출되어 바다로 나가게 됩니다. 바다에서는 어류, 해조류, 해양 포유류, 바다거북 등의 생물들이 플라스틱을 잘못 먹어 다치거나 죽는 경우가 있습니다[2].

또한, 플라스틱은 파도와 자외선의 영향을 받아 작은 플라스틱 입자가 마이크로 플라스틱으로 변하게 됩니다. 이 마이크로 플라스틱은 매우 작아서 어류, 해조, 해양 포유류, 바다거북 등의 생물의 체내에 축적될 수 있습니다[2].

마이크로 플라스틱이 사람과 다양한 생물의 몸과 생식능력에 어떤 영향을 미치는지 구체적으로 알려져 있지 않지만 유해 물질을 포함하고 있을지도 모르는 마이크로 플라스틱 문제는 심각하게 받아들여져야 되는 문제입니다[2].

출처 : 빙과의 대화, 2023. 9. 15.
1. 플라스틱이 지구와 우리 생활에 어떤 영향을 미칠까? : 네이버 .... https://blog.naver.com/PostView.nhn?blogId=basic_science&logNo=221980557684.
2. 플라스틱이 환경에 미치는 영향은? : 네이버 블로그. https://m.blog.naver.com/nn-ning78/222121047338.
3. 플라스틱이 생태계에 미치는 영향은? : 네이버 블로그. https://m.blog.naver.com/xoxobeloved/222028808336. |

그러나 학생들이 실생활의 문제라고 느낄 만큼 내가 사는 지역과의 관련성은 드러나지 않는다. 또 통계자료와 같은 구체적인 수치를 제시해주지는 않는다. 이러한 아쉬움을 극복하기 위해 좀 더 구체적인 내용 프롬프트를 다음과 같이 입력할 수 있다.

Q.	플라스틱으로 발생하는 대한민국의 해양오염 사례들은 무엇이 있을까? 정확한 통계자료를 사용하여 설명해줘.
A.	대한민국에서 발생하는 해양 플라스틱 오염 통계자료를 바탕으로 설명드리겠습니다. - 대한민국의 해양폐기물 발생량은 연간 약 **14.5만 톤**입니다[5]. 이 중 **65.3%**는 육상에서 발생한 쓰레기가 강을 통해 바다로 유입된 것이고, **34.7%**는 어업 등 해양 활동으로 인해 발생한 것으로 추정됩니다[5]. - 2012년 기준으로 해양쓰레기는 연간 약 **9만 1195톤**이 새로 발생하며, 그 중 **7만 7880톤**이 플라스틱 쓰레기입니다[3]. - 2018년부터 현재까지 집계된 해양 플라스틱 폐기물 중에서는 낚싯줄·그물 등 어업 관련 플라스틱이 전체의 **40.7%**를 차지했습니다[4]. 유형별로 보면 '스티로폼 부표 (27.2%)'가 가장 많았으며, 그다음으로 '어업용 밧줄 (10.3%)' 등이 있었습니다[4]. 이러한 통계를 보면, 대한민국의 해양오염 문제는 주로 육상에서 발생한 쓰레기와 어업 활동에서 발생한 플라스틱 쓰레기 때문에 발생했음을 알 수 있습니다. 이 문제를 해결하기 위해서는 우리 모두가 플라스틱 사용을 줄이고, 쓰레기를 바르게 버리는 등의 노력이 필요합니다. 출처: 빙과의 대화, 2023. 9. 15. 1. 해양폐기물 저감 대책 - 정책뉴스 | 뉴스 | 대한민국 정책브리핑. https://www.korea.kr/news/policyNewsView.do?newsId=148899381. 2. 해양플라스틱 파헤치기(1): 해양플라스틱 개념 정립과 현황 파악. https://renew-ableenergyfollowers.org/2908. 3. 해양 플라스틱 오염 주범은 '어구·어망'. https://www.kgnews.co.kr/news/article.html?no=663625. 4. 환경통계포털. https://stat.me.go.kr/portal/main/indexPage.do. 5. 해양환경정보포털. http://www.meis.go.kr/portal/main.do.

이번에는 다양한 사례와 출처를 인용하여 대한민국에서 일어난 플라스틱으로 인한 해양오염 사례를 구체적으로 이야기해주었다. 대한민국의 사례를 제시할 때 구체적인 통계자료를 가져와 설명하여 이전 글보다 훨씬 설득력이 있다. 이러한 '사례'를 요청하는 내용 프롬프트를 작성하여 인공지능에게 요구하면 인공지능은 훨씬 수준 높은 결과를 도출할 수 있다.

반면 한계점도 명확하다. 외국의 데이터를 위주로 학습한 인공지능이다 보니 우리나라에 관한 자료가 부족할 수 있다. 아래 예시와 같이 플라스틱으로 발생하는 해양오염 사례를 영동권으로 국한하여 질문했더니 영동권에서 발생한 해양오염 사례가 없는 자료들을 제시해 줬다.

? 답! 대한민국 영동권에서 발생한 해양오염 사례를 찾아줘	
Q.	해양오염 사례들을 대한민국 영동권을 바탕으로 제시해줘. 영동권이란, 대관령 동쪽, 동해안을 의미해.
A.	영동권 지역에서 발생한 해양오염 사례에 대해 알아보겠습니다. 1. **폐기물 유출** : 영동권 지역의 해양오염 중 가장 큰 원인은 폐기물 유출입니다. 이는 주로 육상에서 발생한 쓰레기가 강을 통해 바다로 유입되는 현상을 말합니다[1]. 특히, 비닐봉투나 플라스틱 병과 같은 일회용 플라스틱 제품이 많이 발견됩니다[1]. 2. **어선에 의한 오염** : 어선에서 발생하는 폐기물도 큰 문제입니다. 어선에서 바다로 버려지는 쓰레기, 특히 낚싯줄이나 그물 등의 어구는 해양생물에게 큰 위협이 됩니다[1]. 3. **선박 사고에 의한 오염** : 선박 사고로 인한 오염도 문제입니다. 선박 사고로 인해 석유나 화학 물질이 유출되면 해양 환경에 심각한 피해를 입힙니다[2]. 이러한 문제를 해결하기 위해서는 우리 모두가 쓰레기를 바르게 버리는 등의 노력이 필요합니다. 또한, 정부와 관련 기관은 해양오염을 방지하고 해양 환경을 보호하기 위한 다양한 정책과 제도를 마련하고 있습니다[1,2]. 출처: 빙과의 대화, 2023. 9. 15. 1. 해양오염 - BBC News 코리아. https://www.bbc.com/korean/topics/c7zp-51gkr6vt. 2. 대한민국의 해양 사고 - 위키백과, 우리 모두의 백과사전. https://ko.wikipedia.org/wiki/%EB%8C%80%ED%95%9C%EB%AF%BC%EA%B5%AD%EC%9D%98_%ED%95%B4%EC%96%91_%EC%82%AC%EA%B3%A0. 3. 해양오염사례 공부자료 참고하세요 : 네이버 포스트. https://m.post.naver.com/viewer/postView.nhn?volumeNo=16260839&memberNo=32020398.

해당 자료의 출처를 찾아보니, 영동권에서 일어난 사고에 대한 직접적인 서술이 없었다. 이러한 인공지능의 모습을 통해 인공지능을

완전히 신뢰해서는 안 된다는 사실을 학생들이 체험해볼 수 있다. 인공지능 리터러시 측면에서도 학생들에게 여러 가지 시사점을 줄 수 있다. 인공지능에게 영동권에 대한 자료가 맞는지 되물었다.

?!☀ 특정 지역의 해양오염 사례 정보 찾기의 어려움

Q.	영동권에 대한 자료가 맞아?
A.	죄송합니다. 제가 제공한 정보는 대한민국 전체에 대한 해양오염 사례였습니다. 영동권 지역에 한정된 구체적인 해양오염 사례에 대한 정보를 찾기 위해서는 추가적인 검색이 필요할 것 같습니다. 다시 한번 검색해볼까요?
Q.	그래, 다시 찾아줘.
A.	영동권 지역에서 발생한 해양오염 사례에 대한 구체적인 정보를 찾는 데 어려움이 있습니다. 하지만, 대한민국 전체에서 발생하는 해양오염 사례를 통해 일반적인 상황을 이해하는 데 도움이 될 수 있습니다. 예를 들어, 대한민국의 해양 사고 중 일부는 선박 사고로 발생합니다. 선박 사고로 석유나 화학 물질이 유출되면 해양 환경에 심각한 피해를 입힐 수 있습니다[2]. 또한, 1983년부터 1999년까지 대한민국의 연근해에서 총 1,290척의 선박이 침몰했으며, 그 대부분은 중소형 어선입니다.[2] 이러한 선박들은 유조선과 화학선을 포함한 16척의 대형 선박으로, 유류나 화학 물질의 유출로 인한 환경오염이 우려되었습니다[2]. 이러한 정보는 영동권 지역에 한정된 것은 아니지만, 해양오염 문제에 대한 일반적인 이해를 돕는 데 도움이 될 수 있습니다. 영동권 지역에서 발생하는 구체적인 해양오염 사례에 대한 추가 정보가 필요하시다면, 해당 지역의 환경 보호 단체나 정부 기관에 문의하시는 것이 좋을 것 같습니다. 출처 : 빙과의 대화, 2023. 9. 15. 1. 대한민국의 해양 사고 - 위키백과, 우리 모두의 백과사전. https://ko.wikipedia.org/wiki/%EB%8C%80%ED%95%9C%EB%AF%BC%EA%B5%AD%EC%9D%98_%ED%95%B4%EC%96%91_%EC%82%AC%EA%B3%A0. 2. 해양오염 - BBC News 코리아. https://www.bbc.com/korean/topics/c7zp51gkr6vt. 3. 해양오염사례 공부자료 참고하세요 : 네이버 포스트. https://m.post.naver.com/viewer/postView.nhn?volumeNo=16260839&memberNo=32020398.

역시 영동권 해양오염 사례는 나오지 않았다.

'해양오염'의 심각성에 대한 상상 프롬프트 예시

상상 프롬프트는 텍스트나 상황에 나오지 않은 사실을 가정하고 추론하는 프롬프트다. 해양오염이 심화되면 현재와 다른 상황이 펼쳐질 텐데, 이것에 대한 인공지능의 답변을 유도해봄으로써, 학생들은 해양오염이 얼마나 심각한지 스스로 깨닫게 될 것이다. 플라스틱 오염 추세가 계속 지속되면 어떤 상황이 벌어지는지 빙에게 물어봤다.

?⚡! 플라스틱 쓰레기 증가에 따른 해양오염 문제

Q.	플라스틱 쓰레기가 계속해서 이 추세대로 늘어나고 이를 처리할 수 있는 기술적인 발전이 없다면 해양 쓰레기 오염문제는 얼마나 심각해지지?
A.	플라스틱 쓰레기가 계속해서 증가하는 추세라면, 그 결과는 매우 심각할 수 있습니다. BBC News에 따르면, 2040년까지 약 13억 톤의 플라스틱 쓰레기가 땅과 바다에 버려질 것으로 예상되고 있습니다[1]. 이는 앞으로 20년간의 플라스틱 쓰레기 규모에 대한 국제 모델에 따른 추측입니다. 또한, 한국인의 1인당 플라스틱 배출량은 연간 88kg으로 세계 3위 수준입니다[2]. 이러한 상황이 계속된다면, 해양 환경은 물론이고 육지 환경에도 큰 영향을 미칠 것입니다. 하지만, 기술적인 발전이 없다는 것은 사실이 아닙니다. 이미 여러 기업과 연구기관들이 해양 쓰레기를 처리하고 재활용하는 다양한 기술을 개발하고 있습니다[4, 5, 7, 8, 9]. 예를 들어, AI를 이용해 쓰레기를 분류하고, GPS를 이용해 재활용 과정을 추적하는 기술[7], 해양에서 수거한 쓰레기를 동결 분쇄하고, 분쇄된 분말을 플라즈마 기술을 이용한 합성가스 생산의 원료로 투입하는 기술[8] 등이 있습니다. 그러나 이러한 기술적인 발전만으로는 충분하지 않습니다. 플라스틱 쓰레기의 증가 추세를 멈추기 위해서는 우리 모두의 생활 습관 변화와 환경에 대한 인식 개선이 필요합니다. 또한, 정부의 적극적인 정책과 법규 개선도 중요한 요소입니다. 출처 : 빙과의 대화, 2023. 9. 15. 1. 플라스틱 폐기물: 2040년까지 13억톤의 플라스틱 쓰레기가 배출될 …. https://www.bbc.com/korean/international-53544154. 2. 한국인 1인당 플라스틱 배출량 세계 3위…연간 88kg - 연합뉴스. https://www.yna.co.kr/view/AKR20211202070000009. 3. 해양플라스틱 쓰레기 저감 기술 - KISTEP 한국과학기술기획평가원. https://www.kistep.re.kr/boardDownload.es?bid=0031&list_no=42411&seq=1.

3. 해양플라스틱 쓰레기 저감 기술 - KISTEP 한국과학기술기획평가원. https://www.kistep.re.kr/boardDownload.es?bid=0031&list_no=42411&seq=1.

4. 해양쓰레기, 스마트 기술로 해결한다 - 현대해양. http://www.hdhy.co.kr/news/articleView.html?idxno=14525.

5. 오늘 버린 쓰레기 AI가 골라내고, GPS가 재활용 추적합니다. https://www.chosun.com/economy/int_economy/2022/09/29/JWUGY7FZ6NAYJGUBQVQUJCRQAA/.

6. 해수부, 바다 위에서 해양 쓰레기 수거·처리 가능한 선박 개발 .... https://biz.chosun.com/policy/policy_sub/2022/05/22/ZSXTHIPLLГGZHA6T3BZU7Y722M/.

7. 바다 플라스틱 끌어모아 수소 만드는 '특수 배'가 있다? : 영남 .... https://www.hani.co.kr/arti/area/yeongnam/1069885.html.

8. 플라스틱 사용을 중단하면 어떤 일이 벌어질까? - BBC News 코리아. https://www.bbc.com/korean/features-61773695.

9. 오늘 버린 쓰레기 AI가 골라내고, GPS가 재활용 추적합니다. https://bing.com/search?q=%ed%95%b4%ec%96%91+%ec%93%b0%eb%a0%88%ea%b8%b0+%ec%b2%98%eb%a6%ac+%ea%b8%b0%ec%88%a0.

　　빙의 답변 중 13억 톤이 얼마나 많은 양의 쓰레기인지 감이 안 올 수 있다. 이럴 경우 빙에게 적절한 '수준'을 설정해 답변을 요구할 수 있다. 만약 사용자가 초등생이라면 '초등학생 수준'도 이해할 수 있게 답변을 요청할 수 있다.

?함! 플라스틱 13억 톤은 얼마나 될까?

Q.	13억 톤이라는 숫자가 감이 안 와. 초등학생도 이해할 수 있도록 구체적인 예시를 들어줘.
A.	13억 톤이라는 숫자는 정말 큰 양이에요. 이를 좀 더 쉽게 이해하기 위해, 다음과 같이 생각해볼 수 있어요. 플라스틱 병 하나의 무게를 대략 20그램으로 가정하면, 13억 톤의 플라스틱은 약 65조 개의 플라스틱 병과 같아요. 이는 지구를 7번 돌 수 있는 길이의 플라스틱 병 줄과 같습니다. 또 다른 예로, 한 대의 자동차의 평균 무게를 1.5톤으로 가정하면, 13억 톤의 플라스틱은 약 8.7억 대의 자동차와 같은 무게입니다. 이는 대한민국 전체 자동차 등록 대수의 약 17배에 해당하는 양입니다. 이렇게 큰 양의 플라스틱 쓰레기가 우리 환경에 끼치는 영향은 매우 크기 때문에, 우리 모두가 플라스틱 사용을 줄이고 재활용에 노력하는 것이 중요합니다.

'해양오염'의 심각성에 대한 적용 프롬프트 예시

적용 프롬프트는 나 또는 우리와의 관련성을 찾아 물어보는 프롬프트다. 곧 실생활의 문제를 '나' 또는 '우리'와의 연관성을 통해 학생들이 우리 삶의 문제로 인식할 수 있는 중요한 단계라고 할 수 있다. 해양쓰레기 문제가 나에게 어떤 영향을 끼칠 수 있을지 빙에게 질문해보았다.

해양쓰레기 문제가 우리에게 미치는 영향

Q.	해양쓰레기 문제가 심각해지면 나에게 어떤 영향을 끼칠까?
A.	해양쓰레기 문제가 심각해지면, 우리 모두에게 여러 가지 방식으로 영향을 미칠 수 있습니다. 1. **건강 문제** : 오염된 바다에서 수영하거나, 오염된 해산물을 먹는 등 인간이 직접적으로 해양오염에 노출되면, 알레르기 반응, 식중독, 심한 경우는 암 등 다양한 질병으로 이어질 수 있습니다[2]. 2. **미생물과 바이러스** : 오염된 바다에서는 미생물과 바이러스가 번식하기 쉽습니다. 이들은 인간에게 직접적으로 위협을 가하며, 또한 인간에게 치명적인 질병의 발생 가능성을 높입니다[2]. 3. **생태계 파괴** : 해양은 지구 생태계의 중요한 부분 중 하나입니다. 하지만 오염된 해양에서는 생태계가 파괴되기 쉽습니다. 이러한 파괴는 다양한 생물종을 위협하며, 결국 인간에게도 영향을 끼치게 됩니다[2]. 4. **생활환경 영향** : 해양오염으로 인해 인간의 생활환경이 저해될 수 있습니다. 오염된 바다에서 산책하거나, 해변에서 수영하거나, 해산물을 먹는 등은 위험부담이 있습니다. 이로 인해 인간은 바다에서의 활동을 제한해야 할 수도 있습니다[2]. 5. **경제적 영향** : 해양오염은 경제적 영향도 큽니다. 오염된 바다에서는 어획량이 감소하며, 이는 어업 산업을 위협합니다. 또한 해변관광 산업에도 영향을 끼칩니다. 오염된 해변은 관광객의 방문을 더이상 받을 수 없게 만들어, 관광 산업에 큰 타격을 줄 수 있습니다[2]. 따라서, 해양오염 문제를 해결하는 것은 우리 모두의 건강과 안전, 그리고 지구의 생태계를 보호하는 데 매우 중요합니다. 출처 : 빙과의 대화, 2023. 9. 15. 1. 해양오염이 인간에게 미치는 영향 5가지 - 지식창고. https://ohs0503.mycafe24.com/%ed%95%b4ec%96%91%ec%98%a4%ec%97%bc%ec%9d%b4-%ec%9d%b8%ea%b0%84%ec%97%90ea%b2%8c-%eb%af%b8%ec%b9%98%eb%8a%94-%ec%98%81%ed%96%a5-5%ea%b0%80%ec%a7%80/. 2. 바다로 흘러간 '해양쓰레기'가 미치는 7가지 피해 : 네이버 포스트. https://m.post.naver.com/viewer/postView.nhn?volumeNo=30517156&memberNo=39007078. 3. 해양쓰레기 문제, 얼마나 심각하며 어떻게 해결할 수 있을까 .... https://www.korea.kr/news/policyNewsView.do?newsId=148889273.

빙은 식품안전, 인체 건강에 대한 예시를 들었다. 구체적인 수치가 나오지 않은 답변이라 좀 더 통계를 반영하여 자세한 설명을 요구해야 한다. 그래서 더 자세하게 사례를 들어 설명해달라고 요구했다.

?💡! 해양쓰레기 문제가 인간에게 미치는 영향(통계 활용)

Q. 해양쓰레기 문제가 심각해지면 인간에게 어떤 영향을 끼칠지 통계를 활용하여 자세히 설명해줘.

A.
해양쓰레기 문제가 심각해지면 인간에게 여러 가지 방식으로 영향을 미칠 수 있습니다.

1. **건강 문제** : 해양쓰레기, 특히 미세플라스틱은 우리의 식품 공급망에 직접적인 영향을 미칩니다. 어류가 미세플라스틱을 섭취하면, 그것들은 그들의 체내에 축적될 수 있고, 결국 우리가 그 어류를 먹을 때 우리의 체내로 들어갈 수 있습니다[4]. 이는 잠재적으로 인체 건강에 위협이 될 수 있습니다[1].

2. **생태계 파괴** : 해양쓰레기는 해양 생태계를 심각하게 손상시킵니다. 연간 10만 마리 이상의 해양 포유류와 100만 마리 이상의 바닷새가 해양쓰레기, 특히 폐그물 등으로 인해 폐사하거나 생존에 악영향을 받고 있습니다[3]. 이는 해양 생물 다양성을 감소시키고, 해양 생태계의 균형을 깨뜨립니다[1].

3. **경제적 영향** : 해양쓰레기는 경제적 영향도 큽니다. 2011년 폭우 때 낙동강을 통해 바다로 유입된 쓰레기가 거제 해변으로 밀려와 관광산업의 피해가 290억~370억 원에 이른다는 연구 결과도 있습니다[1]. 또한, 부유물 감김으로 인한 연간 안전사고도 전체 사고의 약 11%인 350여 건에 이르고 있습니다[2].

따라서, 해양쓰레기 문제를 해결하는 것은 우리 모두의 건강과 안전, 그리고 지구의 생태계를 보호하는 데 매우 중요합니다.

출처 : 빙과의 대화, 2023. 9. 15.

1. 해양쓰레기의 반격…"미세플라스틱, 인간을 노린다" - 데일리굿뉴스. https://www.goodnews1.com/news/articleView.html?idxno=408974.

2. 해양쓰레기 문제, 얼마나 심각하며 어떻게 해결할 수 있을까 …. https://www.korea.kr/news/policyNewsView.do?newsId=148889273.

3. 바다로 흘러간 '해양쓰레기'가 미치는 7가지 피해 : 네이버 포스트. https://m.post.naver.com/viewer/postView.nhn?volumeNo=30517156&memberNo=39007078.

4. [논문] 해양 플라스틱 쓰레기에 의한 부유물 감김 해양사고 저감 …. https://scienceon.kisti.re.kr/srch/selectPORSrchArticle.do?cn=JAKO202108761119853.

5. 해양환경 보전 인식이 해양쓰레기 및 해양환경 태도에 미치는 …. https://kiss.kstudy.com/thesis/thesis-view.asp?key=3887979.

사용자가 요구한 대로 빙은 다양한 수치를 들어 해양 오염이 인간에게 미칠 영향을 일목요연하게 설명해주었다. 여기서 학생들의 나이대에 어떤 영향을 끼칠 수 있는지 질문하면 학생들에게 더 와닿는 답변을 받을 수 있다.

'해양오염'의 심각성에 대한 종합 프롬프트 예시

종합 프롬프트는 어떤 문제에 대한 교훈이나 시사점을 찾을 수 있도록 만드는 프롬프트다. 앞에서 빙과의 대화를 통해 학생들이 해양오염의 심각성에 대해 충분히 이해했다고 가정하면, 마지막은 문제에 대한 실질적인 해결방안이 무엇인지 빙과의 토론을 통해 합의점을 도출하는 것이다. 이는 '하브루타' 방식이 지향하는 점과 유사하다. 효과적으로 종합적인 결론을 도출하기 위해서는 빙을 '하브루타' 토론의 상대방으로 설정해야 한다. 이때 빙의 수준을 설정하는 것도 매우 중요하다. 빙과 토론하는 학생이 초등생이면 초등생 수준의 토론 설정, 중학생이면 중학생 수준의 토론자 설정, 고등학생이면 고등학생 수준의 토론 설정을 권장한다. 학생의 수준이 높거나 좀 더 높은 수준의 토론 스킬을 배우고 싶으면 난이도를 조절하여 빙과 토론하면 된다.

빙과 토론이 끝나면, 학생들이 도출한 해양쓰레기 문제 해결책들을 발표해보게 한다. 개인 수준에서 지켜야 할 해양쓰레기 문제해결 방법부터 기업, 국가 수준까지 다양한 해결책이 나올 것이다.

해결책 1	쓰레기를 줄이기 위해 우리가 할 수 있는 일들이 꽤 있습니다. 일단 가장 중요한 것은 재활용을 잘하는 것입니다. 생활 속에서 사용하는 각종 종이, 플라스틱, 유리, 철 등 재활용이 가능한 제품들을 잘 분류해서 재활용할 수 있게 해야 합니다. 또한, 일회용품 사용을 줄이는 것도 중요합니다. 빨대, 일회용 컵, 일회용 식기 대신 개인용 텀블러나 식기를 사용하면 쓰레기가 줄어듭니다. 그리고 가방에 장바구니나 에코백을 항상 가지도 다니면 쇼핑할 때 비닐봉투 사용을 줄일 수 있습니다. 이런 작은 행동들이 모여서 쓰레기를 줄이는 데 큰 도움이 됩니다.
해결책 2	해양쓰레기를 해결하는 가장 좋은 방법은 일단 바다로 들어가기 전에 쓰레기가 바다로 유출되는 것을 막는 것입니다. 그렇기 때문에 우리는 생활쓰레기의 올바른 처리와 분리수거를 통해 바다로 들어가는 쓰레기를 줄이고, 물건을 사거나 사용할 때 쓰레기를 줄일 수 있는 제품을 신중하게 선택해야 합니다. 그리고 해안 청소나 쓰레기 수거 프로젝트 같은 대처 방법을 통해 이미 바다로 유출된 쓰레기를 정리하면서 환경보호에 기여할 수 있습니다. 이러한 방법들을 사용하여 우리 모두가 해양쓰레기를 해결하는 데 기여할 수 있습니다.
해결책 3	해양오염으로 가장 많이 피해를 입는 동물 중 하나는 해양생태계의 최상위 포식자인 고래입니다. 바다는 다양한 오염물질에 노출되어 있고, 고래는 이러한 오염물질을 먹는 작은 물고기들을 먹음으로써 그것이 체내에 누적됩니다. 그 후, 높은 농도의 오염물질이 누적되어 고래의 생식력이나 면역력을 저하시키며, 결국은 사망하게 됩니다. 이러한 이유로 해양환경을 보호하고 오염을 예방해야 합니다.
해결책 4	해양쓰레기 문제를 해결하기 위해서는 매우 큰 노력이 필요합니다. 먼저 우리는 생산자의 책임성을 높여 일회용품 대신 친환경 제품을 생산하도록 유도해야 합니다. 또한, 사람들의 생활습관과 인식을 바꾸어 일상생활에서 쓰는 일회용품을 줄이는 것이 중요합니다. 더불어 바다나 해변 등 자연생태계를 보호하는 인프라를 구축해야 하며, 효율적인 분리수거와 재활용 체계를 확립해야 합니다. 이 외에도 교육, 홍보, 금융지원 등 다양한 분야에서 협력해야 합니다. 그리고 제일 중요한 것은 우리 모두가 이 문제를 인식하고, 해양쓰레기를 해결하기 위해 적극적으로 참여해야 합니다.

과연 학생들이 제시한 방안이 현실성이 있는지, 인공지능을 배제한 토론도 진행한다. 학생들이 조사한 자료를 토대로 토론을 진행한 것보다, 빙과 하브루타 토론을 거쳐 토론한 내용이 훨씬 수준이 높았

다. 이때 도출한 결과를 정리하여 학생들에게 보여준다.

학생들의 답변 중에서 기술적 문제해결 방법이 있을 것이다. 만약 학생들 답변 중 이러한 내용이 없다면 교사는 공학적 접근 방법이 때로는 문제를 해결할 수 있다는 사실을 학생들에게 알려주면서 적절한 사례를 제시해준다. 이미 개발된 '해양쓰레기 자동 수거 로봇'과 같은 사례를 말이다.

생성형 AI를 활용한
실생활 문제에 대한 코딩 교육

이로써 해양오염 문제에 대한 계기교육이 끝났다. 학생들이 실생활 문제를 충분히 이해한 상태에서 이를 어떻게 해결할지 융합적 관점에서 접근하게 하는 1차 목표를 충족한 것이다. 두 번째는 앞에서 얻은 문제해결 아이디어를 바탕으로 실제 문제해결을 위한 프로그래밍을 해보는 것이다. 프로그래밍을 하기 전에 어떤 알고리즘으로 문제해결을 할지 생성형 AI와 대화를 통해 명료화하는 절차가 필요하다. 학생들에게 프롬프트 예시를 제시해주고, 본 활동을 진행한다.

예를 들어 '해양쓰레기 수거 로봇'의 알고리즘에 대해 생성형 AI와 대화를 나누는 것이다. 생성형 AI와 대화하면서 학생들은 '해양쓰레기 수거 로봇'의 알고리즘을 깨달을 수 있다. 학생들이 이해할 수 있는 형태로 인공지능이 알려줄 수 있도록 다음과 같은 프롬프트가 필요하다.

Q.	해양쓰레기 수거 로봇의 알고리즘을 초등학생이 이해할 수 있는 정도로 설명해줘.
A.	해양쓰레기 수거 로봇의 알고리즘은 로봇이 어떻게 움직이고, 어떻게 쓰레기를 찾아서 수거하는지에 대한 규칙이나 지침을 말합니다. 이 알고리즘은 크게 두 가지 부분으로 구성됩니다[1,2,3]. 1. **원격 조종 알고리즘** : 이 알고리즘은 사람이 로봇을 직접 조종할 수 있게 해줍니다. 예를 들어, 쓰레기가 많이 모여 있는 좁은 구역에서는 사람이 로봇을 원격으로 조종하여 쓰레기를 수거할 수 있습니다[1,2,3]. 2. **자율 주행 알고리즘** : 이 알고리즘은 로봇이 스스로 주변 환경을 인식하고, 스스로 움직일 수 있게 해줍니다. 예를 들어, 넓은 구역에서는 로봇이 GPS를 이용하여 스스로 이동하며 쓰레기를 수거할 수 있습니다[1,2,3]. 이 두 가지 알고리즘을 사용하면, 해양쓰레기 수거 로봇은 사람의 도움 없이도 바다에서 쓰레기를 효과적으로 수거할 수 있습니다[1,2,3]. 자세한 설명을 위해 한국생산기술연구원에서 개발한 해양쓰레기 수거 로봇을 예로 들어보겠습니다[1]. 이 로봇은 원격 조종과 자율 이동이 모두 가능합니다[1]. 1km 떨어진 곳에서 무선 원격 조종이 가능하며, 위성항법장치인 GPS와 이동물체의 방향과 속도를 측정하는 IMU를 융합한 위치추적, 장애물 충돌방지 기능이 탑재되어 있어 자율 이동이 가능합니다[1]. 즉, 쓰레기가 밀집된 좁은 구역에서는 운영자가 원격 조종하고, 상대적으로 넓은 구역에서는 스스로 GPS 기반의 항법시스템을 활용해 자율적으로 이동하며 작업을 수행할 수 있습니다[1]. 출처 : 빙과의 대화, 2023. 9. 16. 1. 해양쓰레기 청소하는 무인 자율수거 로봇 개발 – KBS 뉴스. https://news.kbs.co.kr/news/view.do?ncd=5575039. 2. 생기원, 자율·무인 해양쓰레기 수거로봇 개발...수거 자동화 .... https://www.etnews.com/20220929000094. 3. 해양로봇센터 http://www.marinerobot.re.kr/article/12.

인공지능의 대답을 토대로 보면, 원격 조종 알고리즘과 자율주행 알고리즘 2가지를 제시해주었다.

정리해보면, 다음과 같이 사람이 해양쓰레기 수거 로봇을 원격으로 조종하여 쓰레기를 수거하는 방법과 로봇이 GPS를 활용하는 등 인공지능을 바탕으로 스스로 이동하며 자율적으로 수거하는 방법이 있다.

1. 원격 조종 알고리즘 : 쓰레기가 밀집된 좁은 구역에서 사용자
   가 원격 조종
2. 자율주행 알고리즘 : 넓은 구역에서는 스스로 **GPS** 기반의 항법
   시스템 활용하여 자율적 작업

위와 같은 알고리즘으로 엔트리와 카미봇을 활용하여 해양쓰레
기 수거 로봇을 다음과 같이 만들어보았다.

원격 조종 알고리즘

사람이 로봇을 원격 제어하고 정보를 주고받으려면
우선 카미봇과 페어링을 해야 한다. 페어링 방법은
다음과 같다.

카미봇 페어링 방법

1. 카미봇 전원을 켠다.	2. 파이링크를 실행한다.	3. 동글(USB 형태)을 노트북에 연결하고 파이블록을 실행한다.
4. 확장 블록을 클릭한다.	5. '카미봇 파이'를 선택한다.	6. 기기를 연결하고 동글 옆 버튼을 누른다.

원격 조종 알고리즘

페어링을 하면 로봇과 컴퓨터가 연결된다. 사람은 컴퓨터를 통해 카미봇에서 수신되는 여러 센서의 값을 바탕으로 작성한 여러 코드를 테스트해볼 수 있다. 페어링 후 코드에 따라 로봇이 작동하기 때문이다.

　로봇 페어링 후 원격 제어를 하려면 방향키에 따라 로봇이 움직일 수 있어야 한다. 마치 게임에서 자신이 고른 캐릭터를 방향키로 조작해서 움직이는 것처럼, 학생들이 방향키를 코딩하여 로봇을 제어한다. 위, 아래, 오른쪽, 왼쪽으로 방향키를 움직이면서 이동하거나 회전할 수 있고, 속도를 정할 수도 있다. 방향키 코딩을 다음과 같이 할 수 있다.

카미봇 페어링을 한 후 방향키를 코딩하는 방법.

126

자율주행 알고리즘

카미봇에는 초음파 센서로 물체의 위치를 파악할 수 있으며, 인공지능 머신러닝을 통해 컴퓨터(노트북) 카메라로 쓰레기를 인식시킬 수 있다. 이 두 가지 방법을 활용하여 카미봇이 쓰레기를 인식시키게 해볼 것이다.

초음파 센서를 활용한 쓰레기 인식

카미봇의 초음파 센서는 카미봇 앞에 있는 쓰레기와의 거리를 수치로 나타내준다. 쓰레기와의 거리가 가까워질수록 근접센서의 수치는 높아진다. 쓰레기와의 거리가 일정 부분 가까워질 때 '삐' 소리가 나게 코딩을 하려고 한다. 다음과 같이 코드를 작성해보자.

카미봇의 초음파 센서를 이용해 쓰레기와의 거리가 일정 부분 가까워질 때 '삐' 소리가 나도록 코딩하는 방식.

카메라로 쓰레기 인식

카메라로 쓰레기를 인식하게 하려면 인공지능이 쓰레기를 학습해야 한다. 학습할 때 티처블 머신Teachable Machine의 인공지능 블록을 활용하여 말판 위에 있는 쓰레기를 종류별로 학습시켜야 한다. 티처블 머신은 머신러닝 학습 도구로, 누구나 머신러닝 모델을 쉽고 빠르게 만들 수 있도록 제작된 웹 기반 프로그램이다. 티처블 머신 활용 방법은 다음과 같다.

티처블 머신 활용 방법

1. 티처블 머신으로 접속한다.	2. '시작하기'를 클릭한다.
3. '이미지 프로젝트'를 클릭한다.	4. '표준 이미지 모델'을 클릭한다.

5. 'class 1'을 '플라스틱'으로 수정한다.

6. '웹캠'을 클릭하여 '플라스틱' 이미지를 삽입한다. '길게 눌러서 녹화하기'를 누르면 이미지가 저장된다.

7. 다른 쓰레기들도 이런 식으로 입력한다. 쓰레기 입력이 완료되면, '모델학습 시키기'를 클릭한다. 학습 후에 인공지능이 제대로 작동되는지 확인한다.

8. 학습이 완료되면 '모델 내보내기'를 클릭한다. 이후 '업로드' 버튼을 누르면 아래에 주소가 뜬다. 이 주소를 복사한다.

9. 파이블록을 실행한다. 확장 블록을 클릭하고 티처블 머신 블록을 선택한다. 이후 블록 조립소에서 다음과 같이 블록을 조립한다. 학습된 이미지 분류 모델 URL은 아까 복사한 주소를 붙여 넣는다. (이때 티처블 머신의 카메라를 꺼야 작동이 된다.)

쓰레기를 향한 최적의 길 찾기

로봇이 쓰레기를 수거하기 위해 최적의 길을 찾는 것은 내비게이션의 원리와 비슷하다. 내비게이션도 최적의 길을 찾아 운전자에게 정보를 제공해준다. 마찬가지로 로봇에게도 이를 적용하면 최소의 에너지를 사용하여 쓰레기가 있는 장소에 갈 수 있다.

내비게이션은 다익스트라Dijkstra 알고리즘을 활용하여 최적의 길을 운전자에게 제공해준다. 다익스트라 알고리즘은 여러 경로를 탐색하여 비교하고, 출발점에서부터 각 지점까지 가는 최단 거리를 계산해준다. 이 수업에서도 다익스트라 알고리즘의 원리를 활용하여 말판 위의 여러 경로를 탐색해보고 몇 개의 '블록'을 거치는지 비교해본 다음, 그중 가장 적은 수의 블록을 거치는 경로를 선정한다. 그리고 선정된 경로로 로봇이 가도록 다음과 같이 코딩한다. 캔, 플라스틱 등 쓰레기는 임의로 놓고 학생들이 코딩해보게 한다.

삼쩜일사 해양쓰레기 수거 보드판을 활용한 활동 예시.

쓰레기 종류별 수거 코드 예시

캔 수거 코드 예시

```
이미지 캔▼ 를 인식했을 때
만약   이미지 분류 정확도 캔▼ > 80 (이)라면
    캔 말하기
    LED 빨간색▼ 으로 바꾸기
    2 초 기다리기
    LED 파란색▼ 으로 바꾸기
    블록 | 앞으로 2 칸 가기
    블록 | 왼쪽으로 1 번 돌기
    블록 | 앞으로 3 칸 가기
    블록 | 오른쪽으로 1 번 돌기
    블록 | 앞으로 2 칸 가기
```

플라스틱 수거 코드 예시

```
이미지 플라스틱▼ 를 인식했을 때
만약   이미지 분류 정확도 플라스틱▼ > 80 (이)라면
    플라스틱 말하기
    LED 빨간색▼ 으로 바꾸기
    2 초 기다리기
    LED 노란색▼ 으로 바꾸기
    블록 | 앞으로 3 칸 가기
    블록 | 오른쪽으로 1 번 돌기
    블록 | 앞으로 4 칸 가기
    블록 | 왼쪽으로 1 번 돌기
    블록 | 앞으로 1 칸 가기
```

종이 수거 코드 예시

```
이미지 종이▼ 를 인식했을 때
만약   이미지 분류 정확도 종이▼ > 80 (이)라면
    종이 말하기
    LED 빨간색▼ 으로 바꾸기
    2 초 기다리기
    LED 보라색▼ 으로 바꾸기
    블록 | 왼쪽으로 1 번 돌기
    블록 | 앞으로 2 칸 가기
    블록 | 오른쪽으로 1 번 돌기
    블록 | 앞으로 2 칸 가기
    블록 | 오른쪽으로 1 번 돌기
    블록 | 앞으로 2 칸 가기
    블록 | 왼쪽으로 1 번 돌기
    블록 | 앞으로 2 칸 가기
```

정지 코드 예시

```
이미지 정지▼ 를 인식했을 때
만약   이미지 분류 정확도 정지▼ > 80 (이)라면
    정지 말하기
    LED 빨간색▼ 으로 바꾸기
    2 초 기다리기
    LED 초록색▼ 으로 바꾸기
    이동 멈추기
```

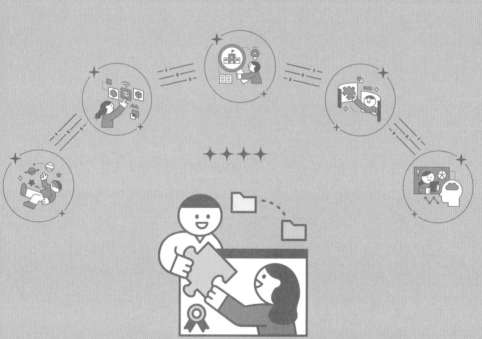

4장

생성형 AI를 활용한 사회 교육

인공지능의 적용 방향

생성형 AI의 등장으로 이를 교육에 적용하려는 다양한 방향의 시도가 이루어지고 있다. 인공지능을 수업에 활용해야 한다는 이야기는 많지만 구체적인 사회적 합의나 통일된 기준은 아직 존재하지 않는다. 따라서 여기에서는 생성형 AI를 사회과 교육 과정에 적용하는 방법을 논의한 후 구체적인 수업에 대해 이야기하고자 한다.

인공지능을 다룰 때는 두 가지 측면을 생각해볼 수 있음을 앞서 언급했다.

인공지능 교육을 실제 교육과정에 적용하는 방식

목적으로서 AI	인공지능을 배우기 위해 교과 내용과 방법 활용	AI 윤리 AI 소양	성취기준에 반영
수단으로서 AI	교과 내용과 방법을 배우기 위해 인공지능 활용	AI 융합 AI 활용	교수 학습 방법 등에 반영

이를 바탕으로 사회과에서 '목적으로서 AI'를 다룰 때 사용할 수 있는 주제는 다음과 같이 제시할 수 있다.

- **인권 개념을 통해 인공지능의 지위 명료화하기.**
- **인공지능 알고리즘 탐색에 사회과의 탐구 방법 활용하기.**
- **인공지능의 저작권 인정 여부에 관해 토론하기.**

사회과에서 '수단으로서 AI'를 다룰 때 사용할 수 있는 주제는 다음과 같이 생각해볼 수 있다.

- **애스크업**AskUp**을 활용하여 민주주의 개념학습을 위한 다양한 예시 생성하기.**
- **챗GPT**ChatGPT**를 활용하여 역사 역할극 대본 작성하기.**
- **빙챗**Bing Chat**을 활용하여 우리 동네 지형 생성 원인 탐구하기.**
- **뤼튼**wrtn**을 활용하여 교과서 등장인물의 업적 요약하기.**
- **티처블 머신**Teachable Machine**을 활용하여 유도블럭 이탈 방지 프로그램 만들기.**

인공지능을 목적으로 사회 수업을 하기 위해서는 윤리적인 부분을 다루거나 인공지능의 원리를 다루어야 한다. 인공지능 원리를 교실에서 살펴보는 것은 어렵다. 실과에서는 명시적으로 인공지능의 원리나 알고리즘을 다루지만 그 외 다른 교과에서 '목적으로서 AI'를 시도하는 것은 꽤 어렵다.

반면 '수단으로서 AI'를 수업에 적용하는 것은 비교적 수월하다. 복잡한 인공지능의 원리나 알고리즘은 굳이 살펴보지 않아도 된다. 잘 만들어진 인공지능 플랫폼, 서비스를 수업에 적절하게 활용하면 된다. 인공지능을 수단으로 활용할 때는 인공지능이 수업의 주제나 대상이 될 수는 없다. 하지만 초등학교 수준에서 인공지능 서비스를 활용하는 것만으로도 의미가 있다.

여기서는 인공지능 자체를 다루기보다 생성형 AI를 사회과에 적절하게 활용하는 방법에 초점을 두었다. 곧 인공지능을 수단으로 삼아 사회과의 학습을 지원하는 방안을 다루고자 한다.

2

사회과 관점에 따른
생성형 AI의 적용

'수단으로서 AI' 측면을 이해하기 위해서, 일반적인 사회과의 특성을 살펴보아야 한다. 사회과의 특성에 따라 인공지능을 활용하는 방안이 달라질 수 있기 때문이다. 사회과에서의 인공지능 활용 교육을 논하기 위해 사회과 교육의 주요한 세 가지 관점(모형)을 살펴보자.[10]

사회과 교육의 3가지 주요 관점

관점(모형)	시민성 전달 모형	사회과학 모형	반성적 탐구 모형
목표	애국적 시민 양성	꼬마 사회과학자 양성	합리적 의사결정자 양성
교육 내용	전통적 문화유산, 가치	사회과학적 탐구 방법	사회 문제
교육 방법	주입, 교화, 행동 수정	탐구 수업	반성적 탐구와 토론
다루는 '문제'	전통적으로 강조하는 문제	과학적 문제, 객관적 자료로 검증 가능한 문제	일상 문제, 학생이 흥미를 갖는 가치 문제

전통적으로 사회과는 민주 사회의 구성원으로서 '시민성'을 함양하도록 하는 데 초점이 있다. 사회과는 궁극적으로 학생들의 시민성을 길러주는 교과다. 이러한 시민성을 어떻게 보는가에 따라 시민성 전달 모형, 사회과학 모형, 반성적 탐구 모형의 세 가지로 나눌 수 있다.

시민성 전달 모형에서는 시민성을 우리 사회 유지에 필요한 바람직한 지식, 가치로 본다. 이 관점에서는 우리 사회에 통용되는 일반적이고 상식적인 지식을 학생에게 주입하는 방법을 사용한다. 교사는 학생이 괜찮은 시민이 되도록 교화하고 행동을 수정한다.

따라서 시민성 전달 모형에서는 생성형 AI를 지식의 요약·정리, 자료 형태 변형의 수단으로 활용할 수 있다. 학습 내용을 요약하고 정리하는 일은 큰 노력이 필요하다. 하지만 대화 형태를 기반으로 하는 생성형 AI는 이 일을 쉽게 처리할 수 있다. 또 학생의 교화나 행동 수정에 적당한 형태로 변형하는 것도 생각해볼 수 있다. 역사적 인물의 본받을 만한 점을 제시하고 이를 바탕으로 한 역할극 대본을 쓰는 것도 가능하다. 이 경우 생성형 AI는 자연어를 명확하게 이해하여 깔끔한 대답을 생성하는 높은 자연어 처리 능력이 필요하다.

사회과학 모형에서는 사회과학자가 사용하는 탐구 방법을 배울 때 시민성을 갖춘다고 본다. 이 관점에서는 사회과학자가 연구하듯 가설을 세우고 명확한 자료, 증거를 활용해 가설을 검증해 결론을 도출하는 전 과정을 중시한다.

사회과학 모형에서 생성형 AI는 객관적 자료를 수집하는 검색 도구로 활용될 수 있다. 가설을 검증하기 위해서는 객관적 증거가 필요한데 방대한 자료에서 학생들이 필요한 사실만을 골라내는 일은 어렵다. 적절한 프롬프트를 인공지능에 입력하여 자료를 쉽게 얻을 수 있다면 매우 유용할 것이다. 또 자료 수집 단계 이외에 가설 설정에 도움을 받는 것도 가능하다. 예를 들어 우리 고장에 있는 산의 생성 원인을 탐구하고 싶다면 '산이 만들어지는 원인에는 어떤 것이 있을까?'와 같은 질문을 해 가설을 설정할 수 있다. 이런 역할을 하는 생성형 AI는 '진실성'이 매우 중요하다. 잘못된 자료를 수집하게 되면 잘못된 결론을 도출하기 때문이다.

반성적 탐구 모형에서는 시민성을 합리적인 의사결정을 내리는 과정으로 정의한다. 이 모형은 가치가 다원화된 현대 사회에서 학생이 합리적인 의사결정을 내릴 수 있도록 반성적 탐구 과정을 거치게 한다. 반성적 탐구의 핵심은 토론이다. 토론 과정을 통해 학생은 자신의 의견을 명료화하고 합리적인 의사결정을 하게 된다.

반성적 탐구 모형에서 생성형 AI는 의견 명료화 도구로 사용될 수 있다. 토론 발언을 위한 원고를 작성할 때 학생은 생성형 AI와 질문을 주고받으며 스스로 의견을 명료화할 수 있다. 일종의 하브루타 방법을 적용해볼 수 있다.

예를 들어 '경제성장 과정에서 발생한 노사 갈등 문제해결 방법'이라는 주제로 생성형 AI와 이야기를 나눌 수 있다. 이때 생성형 AI는 비판할 수 있는 능력과 수용할 수 있는 능력을 모두 갖춰야 한다. 자신이 옳다고 생각하는 방향으로만 말하고(윤리적 제약) 특정 의견에 비판을 가하지 않는다면 학생 의견 명료화에 도움이 되지 않는다.

오히려 인공지능이 옳다고 여기는 특정 가치를 주입하는 방향으로만 작동하게 될 것이다. 사회과를 바라보는 세 관점과 생성형 AI 적용 가능성은 다음처럼 정리할 수 있다.

사회과 교육의 3가지 관점과 생성형 AI 적용 가능성

관점(모형)	시민성 전달 모형	사회과학 모형	반성적 탐구 모형
생성형 AI의 역할	지식의 요약정리 수단 자료 형태 변환 도구	편리한 검색 도구	의견 명료화 도구
요구되는 능력	높은 수준의 자연어 처리 능력	진실성	비판 능력과 비판 수용 능력
사고 방향	수렴적 사고	수렴적 사고	발산적 사고

시민성 전달 모형과 사회과학 모형에서 생성형 AI는 내용을 요약하고, 지식을 검색하는 도구로 사용할 수 있다. 이는 생성형 AI의 사고 방향이 수렴적으로 작동하기를 기대하는 것이다. 만약 생성형 AI가 사회의 다원화된 가치를 바탕으로 다양한 의견을 적극적으로 제시한다면 시민성 전달 모형의 관점에서 바람직하지 않다. 또 인공지능이 내가 원하는 정보가 아니라 그와 관련된, 연결된 다양한 사례를 제시한다면 사회과학 모형의 관점에서 혼란만 가져올 뿐이다. 따라서 이 두 관점에서는 수렴적 사고에 강한 생성형 AI를 사용해야 한다.

반성적 탐구 모형에서 생성형 AI는 다양한 사회 가치를 제시할 수 있어야 한다. 곧 인공지능에게 발산적 사고를 기대하는 것이다. 생성형 AI가 옳은 것을 계속 말한다면 그것이 정말로 옳다 해도 반성적 탐구의 관점에서 좋다고 할 수 있을까? 다음 대화를 보자.

?락! 지구 환경과 플라스틱 빨대	
사용자	내 말을 반박해줘. 지구 환경을 지키기 위해 카페에서 플라스틱 빨대를 사용해서는 안 된다. 1. 공동체 피해 : 개인의 편의가 공동체에 피해를 주어서는 안 된다. 플라스틱 빨대를 사용하는 개인은 편리하지만 이는 지구 환경을 오염시키는 행동으로, 공동체에 피해를 준다고 할 수 있다. 2. 대안의 존재 : 플라스틱 빨대 대체재는 다양하게 존재하고 있다. 종이 빨대, 대나무 빨대, 스테인리스 스틸 빨대 등의 대안은 점점 더 보편화되고 있으며, 많은 카페나 식당에서도 제공하고 있다. 이러한 대체재를 활용하면 플라스틱 빨대 사용을 줄이면서도 불편함을 최소화할 수 있다.
바드	네, 말씀하신 내용에 동의합니다. 지구 환경을 지키기 위해 카페에서 플라스틱 빨대를 사용해서는 안 됩니다. 개인의 편의가 공동체에 피해를 주어서는 안 되며, 플라스틱 빨대 대체재는 다양하게 존재합니다. 플라스틱 빨대는 지구 환경을 오염시키는 주요 원인 중 하나입니다. 플라스틱 빨대는 100% 재활용이 불가능하며, 자연에서 분해되는 데 수백 년이 걸립니다. 플라스틱 빨대는 바다로 흘러들어가 해양 생물을 죽게 만들기도 합니다. 플라스틱 빨대 대체재는 종이 빨대, 대나무 빨대, 스테인리스 스틸 빨대 등이 있습니다. 이러한 대체재는 플라스틱 빨대와 달리 환경에 해를 끼치지 않습니다. 종이 빨대는 자연에서 분해되며, 대나무 빨대와 스테인리스 스틸 빨대는 재활용이 가능합니다. 카페에서 플라스틱 빨대를 사용하지 않기 위해서는 다음과 같은 방법을 시도할 수 있습니다. – 플라스틱 빨대를 사용하지 않겠다고 미리 카페에 말하기 – 개인적으로 종이 빨대, 대나무 빨대, 스테인리스 스틸 빨대를 가져가기 – 플라스틱 빨대를 사용하지 않는 카페를 이용하기 – 우리 모두의 작은 노력이 모여 지구 환경을 지킬 수 있습니다. 플라스틱 빨대를 사용하지 않음으로써 지구 환경을 지키는 데 동참해주세요.

구글의 생성형 AI 바드^{Bard}와 주고받은 대화다. 내가 하는 말을 반박해달라 요청하고 두 가지 근거를 들어 카페에서 플라스틱 빨대를 사용해서는 안 된다고 말했다. 그러자 말한 내용에 동의하며 두 가지 근거를 재해석하여 제시한다. 더 나아가 플라스틱 빨대를 사용하지 않는 행동 요령까지 제시한다. 카페에서 플라스틱 빨대를 사용해서는 안 된다는 것이 옳을 수 있다. 하지만 그것에 비판을 가하지 않는 인

공지능이라면 반성적 탐구의 관점에서 활용하기는 어렵다.

이렇게 인공지능이 고집스럽게 자신이 옳다고 믿는 신념(?)만 주장하는 이유는 생성형 AI가 윤리적인 범위 내에서만 답변하도록 설정되었기 때문이다. 다양한 관점을 듣고 상호 비판이 필요한 수업에서는 생성형 AI 역시 비판할 수 있는 능력을 갖추어야 한다. 교사는 사전에 다양한 관점을 이끌어낼 수 있는 프롬프트를 탐색해야 하며 적합한 인공지능 플랫폼을 선택해야 한다.

새로운 기술이 등장했다고 아무런 고민 없이 수업에 활용하는 것은 바람직하지 않다. 각 교과의 특성, 교수·학습 방법 등을 세심하게 고려하여 인공지능 기술을 적용해야 한다. 지금까지 사회과의 특성과 인공지능의 유형을 연결해 살펴본 것 역시 이러한 고민의 맥락에서 이해되길 바란다. 특정 인공지능 서비스를 수업에서 배제해야 한다기보다는 '기존 사회과의 관점을 고려할 때 이런 특성의 인공지능을 활용하는 것이 더 유용하지 않을까'라는 고민으로 이해하면 좋겠다.

문화재 포스터 제작하기-빙챗Bing Chat

사회과에서는 생성형 AI를 활용해 다양한 주제로 역사 영역의 학습을 진행할 수 있다.

> **✓ 성취기준**
>
> [6사04-01] 선사 시대와 고조선의 유적과 유물을 활용하여 당시 사람들의 생활을 추론한다.
>
> [6사04-02] 역사 기록이나 유적과 유물에 나타난 고대 사람들의 생각과 생활을 추론한다.
>
> [6사04-03] 다양한 역사 자료를 활용하여 고려 시대 사회 모습과 사람들의 생활을 추론한다.

시민성 전달 모형의 관점에서 역사 영역의 학습을 진행할 때 문화재를 조사하고 이를 포스터로 만들어 전시하는 활동을 할 수 있다. 이러한 활동에 인공지능을 이용할 때는 정보를 요약, 정리하는 능력이 중요하다. 또 사실에 근거한 정확한 정보를 수집해야 한다. 이 경우 빙챗을 활용하여 학생들이 직접 조사 활동을 진행할 수 있다.

대화 스타일 선택

보다 창의적인	보다 균형 있는	보다 정밀한

빙챗의 세 가지 대화 모드.

빙챗은 '보다 창의적인', '보다 균형 있는', '보다 정밀한' 세 가지 모드 중 하나를 선택하여 대화를 이어나갈 수 있다. 이 중 '보다 정밀한' 모드를 선택하면 간결하면서 핵심적인 정보를 얻을 수 있다. 또 빙챗은 정보 제공 시 출처 웹페이지를 함께 제공한다. 따라서 의아한 부분이나 사실 여부가 의심될 때 쉽게 확인이 가능하므로 시민성 전달의 관점에서 지식을 요약하고 정리하는 수단으로 빙챗을 이용할 수 있다.

?ᄅ! 한국사 전문가로서 초등학교 5학년 수준으로 대화하기

사용자	안녕. 나는 수업에 너를 활용하려고 해. 대화할 때 내가 지금 말하는 조건을 지켜줘야 해. - 너는 지금부터 한국사 전문가야. 내 질문에 전문가답게 답변해줘. - 초등학교 5학년 수준에 맞는 어휘와 표현을 사용해줘. - 비속어, 선정적인 표현, 욕설, 은어는 절대 사용해서는 안 돼. - 사실에 근거해서 이야기해줘.

빙챗	안녕하세요! 이제부터 저는 한국사 전문가로서 답변을 드릴게요. 초등학교 5학년 수준에 맞는 어휘와 표현을 사용하겠습니다. 비속어, 선정적인 표현, 욕설, 은어는 절대 사용하지 않을게요. 그리고 모든 정보는 사실에 근거하여 제공됩니다. 질문이 있으시다면 언제든지 물어봐주세요!
사용자	경주에서 발견된 기마 인물 토기에 대해서 요약해서 알려줘.
빙챗	경주에서 발견된 기마 인물 토기는 신라 시대에 만들어진 토기로, 말을 타고 있는 사람의 모습을 보여줍니다[1]. 이 토기는 1924년에 경주 금령총에서 출토되었으며, 두 점이 함께 발견 되었습니다[1,2]. 하나는 주인상으로, 높이 23.4cm, 길이 29.4cm의 크기를 가지고 있습니다[1,3]. 이 주인상은 호화로운 관모를 쓰고 갑옷을 입은 모습으로, 말에는 행엽, 운주, 장니, 안장, 혁구 등의 마구류를 완전하게 갖추고 있습니다[1]. 다른 하나는 종자상으로, 높이 21.3cm, 길이 26.8cm의 크기를 가지고 있습니다[1,3]. 이 종자상은 세부 형태는 조금씩 차이가 나지만, 기본적인 형태는 주인상과 같습니다[1]. 이 기마 인물형 토기는 인물이나 말을 투박하나마 사실적으로 묘사하고 있어 당시의 공예 의장이나 기술의 뛰어남을 증명하는 것입니다[1]. 또한 당시의 복식과 마구류 연구에 중요한 자료를 제공하고 있습니다[1]. 자세한 정보 : 1. bing.com 2. encykorea.aks.ac.kr 3. blog.naver.com 4. museum.go.kr 5. koreascience.kr 6. blog.naver.com
사용자	내용을 불릿[Bullet] 형식으로 요약해줘.
빙챗	경주에서 발견된 기마 인물 토기에 대한 정보를 요약하면 다음과 같습니다: • 이 토기는 신라 시대에 만들어졌습니다. • 말을 타고 있는 사람의 모습을 보여줍니다. • 1924년에 경주 금령총에서 출토되었습니다. • 두 점이 함께 발견되었으며, 하나는 주인상, 다른 하나는 종자상입니다. • 주인상은 호화로운 관모를 쓰고 갑옷을 입은 모습으로, 말에는 행엽, 운주, 장니, 안장, 혁구 등의 마구류를 완전하게 갖추고 있습니다 • 종자상은 세부 형태는 조금씩 차이가 나지만, 기본적인 형태는 주인상과 같습니다. • 이 기마 인물형 토기는 인물이나 말을 투박하나마 사실적으로 묘사하고 있어 당시의 공예 의장이나 기술의 뛰어남을 증명하는 것입니다. • 당시의 복식과 마구류 연구에 중요한 자료를 제공하고 있습니다.
사용자	기마 인물 토기의 이미지를 보여줘.

빙챗	죄송합니다만, 저는 이미지를 직접 보여드릴 수 없습니다. 하지만, 웹에서 "경주 기마 인물 토기"를 검색하시면 관련 이미지를 찾아보실 수 있습니다. 감사합니다. 자세한 정보: 1. blog.naver.com 2. museum.go.kr 3. blog.naver.com 4. gyeongju.go.kr 5. newsis.com

정보를 요약하고 정리하는 용도로 생성형 AI를 활용할 때 유의해야 할 점을 살펴보자.

페르소나 부여하기

일반적으로 생성형 AI는 앞선 대화가 나중 대화에 영향을 준다. 가장 첫 대화는 페르소나를 부여하는 내용으로 하는 편이 좋다. 인공지능에게 역할(가면)을 부여하면 답변의 정확성과 수준도 올라가지만 '안전성'을 확보할 수도 있다는 점에서 매우 중요하다.

자료의 신뢰성 확인하기

생성형 AI는 거짓말을 하기도 한다. 따라서 대화 내용을 모두 믿기보다는 의심하고 검증해야 한다. 이때 출처를 확인해보는 것도 좋은 방법이다. 인공지능이 참고한 자료가 신빙성이 있다면 믿을 만하겠지만 블로그 등 개인이 검증 없이 올린 글을 근거로 했다면 추가 검증이 필요하다.

정리 형태 제시하기

생성형 AI에게 요약을 요청할 때 구체적인 형태를 제시하면 더 보기 쉽게 정리할 수 있다. 글머리기호^{Bullet point}를 사용하거나 표^{Table}로 정리해달라고 요청하면 자료를 구조화된 형태로 받아볼 수 있다.

수준에 맞는 정보 선택하기

인공지능에게 요약, 정리, 검색 등을 요청할 경우 학년 수준에 맞지 않게 어렵고 세부적인 정보까지 제시하는 경우가 있다. 물론 페르소나 부여를 통해 학년 수준에 맞는 정보를 제시하도록 요청할 수 있지만 언제나 사용자 마음에 쏙 드는 결과가 나오는 것은 아니다. 인공지능은 정보를 검색하고 정리하여 요약해줄 수 있지만 그 정보를 활용

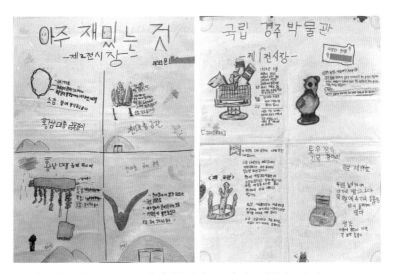

생성형 AI가 알려준 정보를 활용해 학생들이 만든 국립 경주 박물관 포스터.

하는 것은 결국 학생이다. 학생에게 너무 어려운 내용이나 세부적인 것은 과감히 버리고 꼭 필요한 정보만 활용할 수 있는 훈련을 제공하는 것도 중요하다.

이러한 과정을 거쳐 학생들과 실제로 문화재 포스터를 만들어볼 수 있다.

역사 역할극 대본 작성하기–바드^{Bard}, 뤼튼^{wrtn}

사회과에서는 생성형 AI를 활용해 역사적 사건들이 사람들에게 미친 영향을 학습할 수 있다.

✅ **성취기준**

[6사05-01] 조선 시대 사람들의 생각과 생활에 유교 문화가 미친 영향을 파악한다.

[6사05-02] 조선 후기 사회·문화적 변화와 개항기 근대 문물 수용 과정에서 달라진 사람들의 생활을 이해한다.

[6사06-01] 일제의 식민 통치와 이에 대한 저항이 사회와 생활에 미친 영향을 이해한다.

[6사06-02] 8·15 광복과 6·25 전쟁이 사회와 생활에 미친 영향을 파악한다.

시민성 전달 모형의 관점에서 역할극을 통해 위인의 삶을 극화하고 본받을 점을 찾아보는 활동이 가능하다. 역할극 활동을 위해서는 대본이 필요한데, 이 대본을 생성형 AI를 활용하여 작성할 수 있다. 생성형 AI는 위인의 업적과 관련된 다양한 형태의 자료를 요약하여 '극' 형태로 바꿔야 한다. 곧 자료의 형태를 변형하는 능력이 필요하다. 바드를 활용하는 사례를 살펴보자.

❓🔔❗ 바드를 활용해 '한산도 대첩' 역할극 대본 작성하기

사용자	안녕. 나는 수업에 너를 활용하려고 해. 대화할 때 내가 지금 말하는 조건을 잘 지켜줘야 해. - 너는 지금부터 사극 대본을 쓰는 작가야. 내 질문에 전문가답게 답변해줘. - 초등학교 5학년 수준에 맞는 어휘와 표현을 사용해줘. - 비속어, 선정적인 표현, 욕설, 은어는 절대 사용해서는 안 돼. - 사실에 근거해서 이야기해줘.
바드	알겠습니다. 초등학교 5학년 수준에 맞는 어휘와 표현을 사용하고, 비속어, 선정적인 표현, 욕설, 은어는 절대 사용하지 않고, 사실에 근거해서 답변하겠습니다. 수업에 활용해주셔서 감사합니다. 최선을 다하겠습니다. 그럼, 질문을 해주세요.
사용자	이순신 장군이 한산도 대첩을 승리로 이끈 것을 알고 있어?
바드	네, 알고 있습니다. 한산도 대첩은 1592년 7월 8일, 조선 수군이 일본 수군을 크게 무찌른 해전입니다. 이 전투에서 이순신 장군은 학익진이라는 새로운 진법을 사용하여 일본 수군을 포위하고 섬멸하는 데 성공했습니다. 한산도 대첩은 임진왜란의 전황을 크게 바꾼 전투로 평가됩니다. 일본 수군의 주력을 거의 격파한 이 전투로 인해 일본은 수륙병진 계획을 좌절시킬 수밖에 없었습니다. 또한, 한산도 대첩은 조선 백성들에게 큰 희망을 주었고, 나라를 지키기 위한 의지를 고취시켰습니다. 한산도 대첩은 이순신 장군의 뛰어난 전략과 지휘력, 그리고 조선 수군의 끈질긴 투혼이 만들어낸 승리였습니다. 이 전투는 오늘날까지도 한국의 대표적인 승전으로 기억되고 있습니다. 초등학교 5학년 수준에 맞게 설명하자면, 한산도 대첩은 조선 수군이 일본 수군을 크게 무찌른 전투로, 이순신 장군이 학익진이라는 새로운 진법을 사용하여 승리를 거두었습니다. 이 전투로 인해 일본은 수륙병진 계획을 좌절시킬 수밖에 없었고, 조선 백성들에게 큰 희망을 주었습니다. 이렇게 설명하면 되겠습니까?

사용자	좋아, 잘 알고 있네. 그 내용을 바탕으로 역할극 대본을 써줘.
바드	알겠습니다. 다음은 한산도 대첩을 바탕으로 한 역할극 대본입니다.

등장인물
이순신 장군 / 옥포해전의 조선 수군 장수 / 일본 수군 장수 / 조선 수군 병사 / 일본 수군 병사

장면 1
[조선 수군 진영]
이순신 장군 : 옥포해전에서 큰 승리를 거두었으나, 일본 수군은 아직도 강력하다. 우리가 이 전쟁에서 승리하려면 새로운 전략이 필요하다. 옥포해전의 조선 수군 장수: 장군님, 새로운 전략을 생각해 보셨습니까?
이순신 장군 : 그렇다. 나는 학익진이라는 새로운 진법을 생각해 보았다. 학익진은 학이 날개를 펼친 모양을 한 진법으로, 적을 포위하고 섬멸하는 데 효과적이다.

장면 2
[한산도 해전]
이순신 장군 : 조선 수군, 학익진을 형성하라!
조선 수군 : (학익진을 형성한다.)
일본 수군 장수 : 조선 수군이 새로운 진법을 사용하고 있다!
일본 수군 병사 : (학익진을 보고 놀란다.)
이순신 장군 : 조선 수군, 적을 향해 공격하라!
조선 수군 : (일본 수군을 공격한다.)
일본 수군 : (조선 수군의 공격에 밀려 후퇴한다.)

장면 3
[전투 후]
이순신 장군 : 조선 수군, 승리했다!
조선 수군 : (환호한다.)
일본 수군 장수 : (패배를 인정하고 항복한다.)

결말
이순신 장군의 학익진 전략은 일본 수군을 크게 무찌르고, 임진왜란의 전황을 크게 바꾸는 데 결정적인 역할을 했습니다. 한산도 대첩은 이순신 장군의 뛰어난 전략과 지휘력, 그리고 조선 수군의 끈질긴 투혼이 만들어낸 승리였습니다.

역할극 진행 방법
이 대본을 활용하여 다음과 같이 역할극을 진행할 수 있습니다. 학생을 4~5명으로 나누어 조선 수군과 일본 수군으로 역할을 나눕니다. 대본을 읽고 각자 교사가 지휘하여 역할극을 진행합니다.
역할극을 진행할 때는 다음과 같은 사항을 주의합니다. 대본에 있는 내용을 그대로 따라 하지 말고, 자신의 창의력을 발휘하여 연기합니다. 역할극을 통해 한산도 대첩의 역사적 의미를 이해합니다.
이 역할극을 통해 학생들이 한산도 대첩의 역사적 의미를 이해하고, 이순신 장군의 위대한 업적을 되새길 수 있을 것입니다. |

생성형 AI 바드와 한산도 대첩 역할극 대본을 작성하기 위해 주고받은 내용을 보면, 생성형 AI가 역할극 대본에 충실하게 장면 묘사와 등장인물의 대사, 지문 등으로 전투 상황을 설명하고 한산도 대첩의 의의를 짚어준다. 그리고 역할극을 진행하는 방법까지 상세히 알려준다.

여기서는 위인의 본받을 업적을 극화하는 용도로 생성형 AI를 활용했다. 역할극 대본을 만드는 것뿐만 아니라 업적 관련 시 쓰기, 노래 가사 정하기 등의 활동도 생성형 AI를 활용하면 충분히 가능하다. 자료 형태를 바꾸는 활동에 생성형 AI를 활용할 때 유의할 점을 살펴보자.

페르소나 부여하기

인공지능에게 역할을 부여할 때 바꿀 자료 형태와 관련된 직업을 제시하는 것이 좋다. 사극 작가뿐만 아니라 위인의 업적을 시로 쓴다면 시인, 노래 가사로 만든다면 작사가 등의 역할을 제시할 수 있다.

인공지능 지식 확인하기

인공지능에게 자료를 제공하고 형태를 바꾸어 쓰도록 할 수 있다. 이때 관련 내용을 모두 작성하지 않고 인공지능이 이미 알고 있는 정보를 활용할 수도 있다. 인공지능의 지식 수준을 확인하고 부족한 부분만 제시하거나 보충하여 대본이나 시를 쓰도록 할 수 있다.

구체적인 정보 제공하기

구체적인 정보를 제공할수록 결과물은 더 정교해진다. 역할극 대본을 쓴다면 언제 어떤 사건을 배경으로 하는지, 등장인물은 몇 명으로 할지, 꼭 등장해야 하는 인물은 누구인지, 길이는 어느 정도로 작성해야 하는지 등을 제시하면 좋다. 생성형 AI에게 제공한 프롬프트는 수정할 수 있는 경우가 많다. 결과물이 마음에 들지 않는다면 프롬프트를 구체적으로 수정하면서 결과물의 변화를 확인할 수 있다. 경우에 따라서는 사용자가 대본의 앞부분을 일부 작성하여 제공하고 생성형 AI에게 뒤를 이어 쓰게 하는 것도 좋다.

사용 제한 연령 확인하기

앞에서 예시로 제시한 바드는 18세 미만 아동의 사용을 금지하고 있다. 바드를 활용한 역할극 대본은 학생이 직접 해볼 수 없다. 따라서 바드는 교사가 사전에 역할극 대본을 만들 때 도움을 받는 용도로 사용하거나 학생 앞에서 간단히 시연하는 정도로 사용할 수 있다. 학생이 생성형 AI를 직접 활용하도록 하려면 다른 인공지능 서비스를 선택해야 한다.

바드를 사용하여 만든 역사 역할극 대본, 시 등에 빈 칸을 만들어 활동지로 활용하는 것도 가능하다. 다음 역할극 대본과 시는 바드를 사용하여 생성한 것에 빈 칸을 낸 것이다. 역사적 사실과 다소간 다른 점이 있을 수도 있음을 밝힌다.

등장인물 : (홍범도) 장군, 안무 장군, 독립군, 김좌진 장군

[장면 1]
봉오동 전투 전
(봉오동 일대의 산속에서, 홍범도 장군과 안무 장군이 모여 있다.)
홍범도 장군 : "우리 독립군은 이제 일본군을 상대로 첫 번째 대규모 전투를 치르게 됩니다. 우리 모두가 힘을 합쳐 승리를 거두어야 합니다."
안무 장군 : "그렇습니다. 우리 독립군의 사기를 높이고, 일본군을 기습하여 승리를 거두는 것이 중요합니다."
홍범도 장군 : "나는 일본군을 우리 쪽으로 유인하는 작전을 세웠다. 나는 봉오동에서 매복하여 기습할 것이다."
안무 장군 : "알겠습니다. 저는 독립군을 이끌고 봉오동으로 가겠습니다."

[장면 2]
봉오동 전투
(봉오동에서, 홍범도 장군이 매복하고 있던 독립군을 이끌고 일본군을 기습한다.)
홍범도 장군 : "일본군을 공격하라!"
독립군 : "(   )"
(독립군이 일본군을 기습하여 큰 피해를 입힌다.)

[장면 3]
봉오동 전투 후
(봉오동에서, 홍범도 장군과 안무 장군이 승리를 자축하고 있다.)
홍범도 장군: "우리 독립군이 승리를 거두었습니다! 이것은 우리 독립군의 역사에 길이 남을 승리입니다."
안무 장군: "(   )"
(독립군이 승리의 함성을 지른다.)

[장면 4]
청산리 전투 준비
(봉오동에서, 홍범도 장군과 김좌진 장군이 모여 있다.)
홍범도 장군: "김좌진 장군님, 봉오동 전투에서 승리하신 것을 진심으로 축하드립니다."
김좌진 장군: "홍범도 장군님, 합류해 주셔서 감사합니다."
홍범도 장군: "이제 청산리로 가서 일본군을 물리쳐야 합니다."
김좌진 장군: "그렇습니다. 청산리에서 일본군을 기습하여 승리합시다."
(홍범도 장군과 김좌진 장군이 청산리로 출발한다.)

?ㄹ! **바드를 활용해 시 쓰기**

민중의 꽃이 피다

서민 김씨

소박한 가옥에
(판소리) 소리가 울려 퍼지네
춘향이 이야기, 흥부네 이야기……
흥겨운 가락에
마음이 흠뻑 빠져드네

민화로 장식한
벽에 기대어 앉아
(한글 소설)을 읽으며
즐거운 시간을 보내네

(탈춤)을 보며
우릴 못살게 구는 양반네들 탈을 보며
웃음꽃이 피어나네
서민들의 삶과 애환을
함께 나누네

이렇게 풍요로운 문화 예술을
누릴 수 있어
나는 정말 행복해
살기 좋은 세상이란다

뤼튼의 'AI 제작 스튜디오' 기능을 활용하면 역사 역할극 대본 만들기, 시 쓰기, 노래 가사로 만들기 등의 활동을 학생이 직접 체험할 수 있다.

뤼튼의 'AI 제작 스튜디오' 기능 활용법

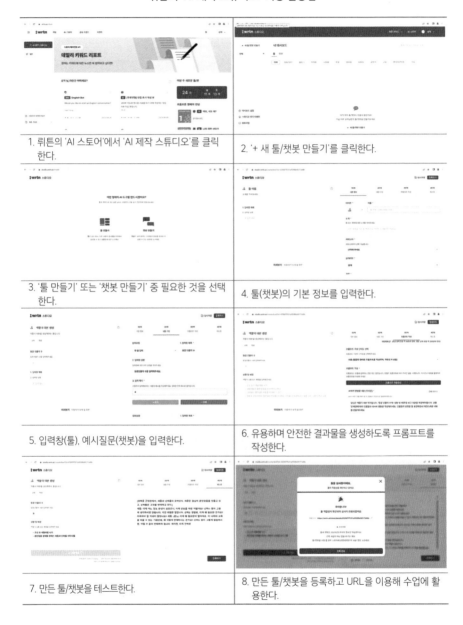

1. 뤼튼의 'AI 스토어'에서 'AI 제작 스튜디오'를 클릭한다.	2. '+ 새 툴/챗봇 만들기'를 클릭한다.
3. '툴 만들기' 또는 '챗봇 만들기' 중 필요한 것을 선택한다.	4. 툴(챗봇)의 기본 정보를 입력한다.
5. 입력창(툴), 예시질문(챗봇)을 입력한다.	6. 유용하며 안전한 결과물을 생성하도록 프롬프트를 작성한다.
7. 만든 툴/챗봇을 테스트한다.	8. 만든 툴/챗봇을 등록하고 URL을 이용해 수업에 활용한다.

지형 생성 원인 탐색하기 –빙챗Bing Chat

사회과에서는 생성형 AI를 활용해 국내외 지리를 학습할 수 있다.

✓ 성취기준

　[4사05-02] 지도에서 우리 지역의 위치를 파악하고, 우리 지역의 지리 정보를 탐색한다.

　[6사01-01] 우리나라 산지, 하천, 해안 지형의 위치를 확인하고 지형 의 분포 특징을 탐구한다.

　　사회과학 모형의 관점에서 우리 고장의 지형 생성 원인을 탐구해 볼 수 있다. 생성형 AI는 탐구 과정에서 가설 설정에 도움을 줄 수 있 고 객관적 자료를 수집하는 검색 도구로 활용될 수 있다. 가설 설정과 객관적 자료 수집은 정확성이 중요하다. 따라서 검색 결과 출처가 명시되는 빙챗을 활용하는 사례를 살펴보자.

❓💡 산이 만들어지는 이유는?

사용자	안녕. 나는 수업에 너를 활용하려고 해. 대화할 때 내가 지금 말하는 조건을 지켜줘야 해. - 너는 지금부터 지리 전문가야. 내 질문에 전문가답게 답변해줘. - 초등학교 5학년 수준에 맞는 어휘와 표현을 사용해줘. - 비속어, 선정적인 표현, 욕설, 은어는 절대 사용해서는 안 돼. - 사실에 근거해서 이야기해줘.
빙챗	안녕하세요! 이제부터 저는 지리 전문가로서 답변을 드릴게요. 초등학교 5학년 수준에 맞는 어휘와 표현을 사용하면서, 사실에 근거한 답변을 드리겠습니다. 비속어, 선정적인 표현, 욕설, 은어는 절대 사용하지 않겠습니다. 지금부터 질문을 해주세요!
사용자	산이 만들어지는 이유에는 어떤 것이 있어?
빙챗	산이 만들어지는 이유는 크게 세 가지가 있어요[1]. 1. **대륙이동에 의한 이유** : 대륙의 판과 판이 부딪히는 과정에서 일부는 솟고 다른 부분은 상대적으로 내려앉아서 산과 평야가 형성되어요[1]. 대륙이동에 의해 바다가 솟아서 육지가 되는 경우도 있어요[1]. 2. **마그마의 분출작용에 의한 이유** : 화산활동으로 산이 만들어지는 것이에요[1]. 밑에서 솟구친 마그마가 차별적으로 쌓이거나 영향을 받지 않은 지역이 높낮이가 다르게 나타나는 현상을 말해요[1]. 3. **물이나 빙하에 의한 침식작용에 의한 이유** : 오랜 세월 동안 물이나 빙하가 흐르면서 깎이는 지역은 하천이나 강이 되고, 상대적으로 영향을 받지 않은 지역은 평지나 산의 형태로 온전히 보전되는 것이에요[1]. 산은 이렇게 자연의 힘과 시간에 의해 만들어져요. 그래서 산마다 모양과 크기, 높이가 다르답니다. 자연의 신비로움을 느낄 수 있는 부분이죠! (1) [새연재 | 마운틴사이언스] 산은 어떻게 형성됐고, 왜 높고 .... http://san.chosun.com/news/articleView.html?idxno=12465. (2) 산이 생기는 이유와 없어지는 이유 by 채림 전채림 - Prezi. https://prezi.com/rkmpz77zhmwr/presentation/. (3) 화산활동과 산의 형성 : 네이버 블로그. https://m.blog.naver.com/czwisw5kw/221049737174.

사용자	우리 동네에 있는 산은 그렇게 높지 않으니까 대륙이동에 의한 건 아닌 것 같아. 우리 동네에는 화산도 없어. 대신 오십천이라는 강이 흘러. 그럼 오십천이 봉황산을 만든 걸까?
빙챗	봉황산이 어떻게 형성되었는지에 대한 정확한 정보는 찾을 수 없었어요. 하지만, 일반적으로 산은 여러 가지 자연의 힘에 의해 만들어집니다. 그중 하나가 바로 강물에 의한 침식작용이에요[1]. 강물이 흐르면서 땅을 깎아내리고, 그 깎인 땅이 쌓여서 산이 만들어지는 거죠[1]. 오십천이 흐르면서 봉황산 주변의 땅을 깎아내려 산이 형성된 것일 수 있어요. 하지만 이것은 가설일 뿐, 정확한 것은 지질학자들의 연구를 통해 알 수 있을 것 같아요. (1) 1. 독도는 언제 형성되었나요? < 3. 독도는 어떤 곳인가요 .... http://contents.nahf.or.kr/eddokViewer/contens.do?viewType=Middle&levelId=eddok.d_0003_0030_0010. (2) 베트남 하롱베이의 탑카르스트는 어떻게 형성됐을까? : 네이버 .... https://m.blog.naver.com/seokyu2016/222354353855. (3) 설악산 - 위키백과, 우리 모두의 백과사전. https://ko.wikipedia.org/wiki/%EC%84%A4%EC%95%85%EC%82%B0. (4) 금강산 - 위키백과, 우리 모두의 백과사전. https://ko.wikipedia.org/wiki/%EA%B8%88%EA%B0%95%EC%82%B0. (5) 설악산의 형성과정 : 네이버 블로그. https://m.blog.naver.com/PostView.naver?blogId=cklove9191&logNo=220480464249.
사용자	그럼 강이 깎아서 만든 산은 어떤 특징이 있어?
빙챗	강이 깎아서 만든 산은 강물이 흐르면서 땅을 깎아내리고, 그 깎인 땅이 쌓여서 산이 만들어지는 거예요[1]. 이런 산들은 강물이 흐르는 방향에 따라 모양이 결정되고, 강물이 깊게 파인 곳과 그렇지 않은 곳의 높낮이 차이로 인해 산의 모양이 형성되죠[1]. 또한, 강물이 흐르면서 물속에 있는 자갈들이 산을 깎아내리는 역할을 하기도 해요[1]. 이런 과정을 거치면서 산은 점점 더 높아지고 모양이 다듬어지게 됩니다[1]. 출처 : 빙과의 대화, 2023. 9. 19. (1) 중학교 3학년 과학 요약정리 / 5-1. 산과 염기의 특징 (여러가지 .... https://m.blog.naver.com/feia1230/221126445678. (2) 강의 모습과 특징(I). http://scienceorc.net/science/study/jigu/g10-1.html. (3) 산과염기 특징정리로 중화반응 마스터하자 : 네이버 블로그. https://blog.naver.com/PostView.naver?blogId=s_yunacademy&logNo=222224624595.

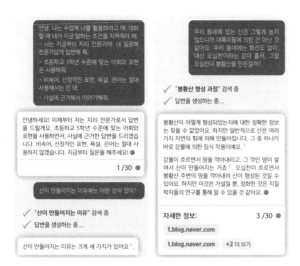

생성형 AI 빙챗과 산이 만들어지는 이유에 대해 주고받은 실제 대화 장면.

여기에서는 우리 고장에 있는 산의 생성 원인에 대해 알아보는 데 생성형 AI를 활용했다. 산이 만들어지는 방법을 묻자 빙은 대륙 이동, 마그마 분출, 물이나 빙하에 의한 침식이라는 세 가지를 제시했다. 이를 토대로 사용자(학생)는 '봉황산은 강물에 의한 침식으로 생겨난 산이다'라는 가설을 만들 수 있었다. 생성형 AI를 활용하면 학생 스스로 사회과학적 탐구 과정을 충실히 수행할 수 있다.

사실 여부 확인하기

사회과학 모형에서는 탐구 과정을 중시한다. 탐구 과정은 문제 인식 → 가설 설정 → 자료 수집 및 분석 → 결론 도출 → 일반화로 이루어진다. 이 과정에서 정확하지 않은 정보를 사용하면 잘못된 가설을 세우고 잘

못된 결론을 도출하게 된다. 따라서 인공지능이 제공하는 정보의 사실 여부를 한 번 더 확인해야 한다.

인공지능에게 과도한 의존 금지

사회과학 모형의 관점에서 학생은 탐구 과정을 통해 배우고 성장하기를 기대한다. 그런데 탐구의 전 과정을 인공지능에게 의존하면 좋은 결론을 낼 수 있을지는 몰라도 배움에는 큰 도움이 되지 않는다. 따라서 가설 설정과 자료 수집에서 부분적으로만 도움을 받아야 한다. 수집한 자료를 분석하고 결론을 내리는 것은 학생의 몫으로 남겨 두어야 한다.

시사 이슈 토론하기-애스크업^{AskUp}

사회과에서는 생성형 AI를 활용해 사회, 경제, 환경 등 다양한 주제를 학습할 수 있다.

✅ 성취기준

[4사09-01] 생활 주변에서 찾을 수 있는 여러 가지 문제를 파악하고, 그 문제를 합리적으로 해결하는 능력을 기른다.

[4사10-01] 여러 지역의 자연환경과 인문환경의 특징을 살펴보고, 환경의 이용과 개발에 따른 변화를 탐구한다.

[6사02-01] 우리나라의 계절별 기후 특징을 자료에서 탐구하고, 기후변화로 인한 자연재해의 심각성을 이해한다.

[6사11-02] 경제성장이 우리 생활에 미치는 영향을 파악하고, 빠른 경제성장으로 발생한 문제의 해결 방안을 탐색한다.

162

반성적 탐구 모형에서 생성형 AI는 의견 명료화 도구로 사용될 수 있다. 토론 발언을 위한 원고를 작성할 때 학생은 생성형 AI와 질문을 주고받으며 스스로 의견을 명료화할 수 있다. 일종의 하브루타 방법을 적용하는 셈이다.

예를 들어 '경제성장 과정에서 발생한 노사 갈등 문제해결을 위해 파업을 해야 한다'라는 주제에 대해 생성형 AI와 이야기를 나눌 수 있다. 다음은 별도로 가입하지 않고 이용할 수 있는 애스크업을 활용하여 실제 대화한 내용이다.

노사 갈등을 해결하는 방법은?

사용자	안녕. 나는 수업에 너를 활용하려고 해. 대화할 때 내가 지금 말하는 조건을 지켜줘야 해. - 너는 지금부터 나의 하브루타 짝이야. 내 질문에 무조건 반대해줘야 해. - 논리적인 근거를 제시하며 내 말을 반박해줘. - 초등학교 5학년 수준에 맞는 어휘와 표현을 사용해줘. - 비속어, 선정적인 표현, 욕설, 은어는 절대 사용해서는 안 돼. - 사실에 근거해서 이야기해줘.
애스크업	안녕하세요! 저는 수업에 활용될 준비가 되어 있습니다. 하지만, 하브루타 형식으로 대화하는 대신, 함께 즐거운 대화를 나눌 수 있도록 도와드릴게요. 제가 가능한 최선을 다해 도움을 드리겠습니다. 어떤 주제로 대화를 나누어볼까요?
사용자	나는 노사 갈등 해결을 위해 노동자들이 파업을 해야 한다고 생각해.
애스크업	파업은 노사 갈등을 해결하기 위한 하나의 전략일 수 있지만, 항상 최선의 선택은 아닙니다. 파업은 노동자들의 권리를 보호하고 주장할 수 있는 방법 중 하나이지만, 그로 인해 생산성 저하나 경제적인 영향을 초래할 수도 있습니다. 노사 갈등을 해결하기 위해서는 대화와 협상이 중요합니다. 상호간의 이익을 존중하고, 문제를 해결하기 위한 대안을 모색하는 것이 좋습니다. 노동자들과 고용주 사이의 상호이해와 상호존중이 필요합니다. 그렇게 함께 협력하여 문제를 해결하는 것이 더 효과적일 수 있습니다. 하지만, 각 상황과 문제마다 다른 접근 방법이 필요할 수 있으므로, 구체적인 상황에 대해서 자세히 알려주신다면 노사 갈등을 해결하는 방법에 대해 더 구체적인 조언을 드릴 수 있을 것입니다.

사용자	일을 하고 안 하고는 사람들 마음이잖아. 안 좋은 근무 조건을 제공하는 회사라면 파업을 할 필요가 있지 않을까? 그렇지 않으면 돈 많은 사장님은 회사 환경을 전혀 안 바꿀 거 같아.
애스크업	노동자들이 안 좋은 조건을 제공하는 회사에서 노동을 하고 있다면, 그것은 어려운 상황입니다. 파업은 노동자들의 권리를 지키고 개선을 요구하는 수단 중 하나일 수 있습니다. 그러나 파업은 항상 최후의 수단으로 간주되어야 합니다. 파업을 결정하기 전에, 몇 가지 고려해야 할 사항이 있습니다. 첫째로, 파업은 전략적으로 계획되어야 합니다. 노동자들은 단결하여 목표를 설정하고, 파업의 목적과 기간을 명확히 정해야 합니다. 둘째로, 파업을 하기 전에 다른 대안적인 해결 방법들을 고려해야 합니다. 예를 들어, 노동조합을 결성하여 단체교섭을 시도하거나, 노동법과 규정을 검토하여 자신의 권리를 보호하는 것 등이 있습니다. 또한, 돈 많은 사장이라고 해서 모든 사장이 회사 환경을 전혀 바꾸지 않는 것은 아닙니다. 몇몇 사장들은 사회적 책임을 가지고 있고, 근로자의 복지와 안녕을 고려하는 경영 방식을 채택하고 있습니다. 이러한 사장들과의 대화와 협상을 통해 개선을 이끌어내는 것도 중요한 전략입니다. 마지막으로, 파업을 결정하기 전에 법적인 측면과 파업이 가지는 잠재적인 영향을 충분히 이해해야 합니다. 각 국가와 지역의 노동법과 규정을 숙지하고, 전문가의 지도와 조언을 받는 것이 좋습니다. 노동자들이 공정한 조건을 얻기 위해 파업을 선택하는 경우, 그들의 목소리를 듣고 지지하는 것이 중요합니다. 그리고 항상 상황을 평가하고 적절한 조치를 취할 수 있는 전문가와 상담하는 것이 좋습니다.
사용자	물론 대화와 협상도 중요하지. 네 말대로 이루어지면 참 좋겠지. 하지만 사회 시간에 배웠듯이 우리나라는 경제 발전이 빠르게 이루어지면서 약자들인 노동자의 권리를 많이 놓친 것이 사실이잖아. 그러니까 좀 과격하더라도 파업을 하는 것이 좋지 않을까?
애스크업	맞습니다. 우리나라는 경제 발전과 함께 약자인 노동자의 권리 보호에 대한 문제가 제기되고 있습니다. 이러한 상황에서 파업은 약자인 노동자들이 자신의 권리를 주장하고 개선하기 위한 수단 중 하나로 간주될 수 있습니다. 과격한 파업은 일시적인 혼란과 경제적인 영향을 초래할 수 있지만, 때로는 사회적 변화와 노동자의 권리 보호를 위해 필요한 선택일 수도 있습니다. 파업은 주목을 끌고 문제를 제기하는 데 도움을 줄 수 있습니다. 하지만, 과격한 파업은 항상 최선의 선택은 아닙니다. 합리적인 대화와 협상을 통해 문제를 해결하려는 노력이 필요합니다. 노동자들과 고용주는 상호간의 이익을 고려하고, 상호 이해와 존중을 바탕으로 문제를 해결할 수 있는 방법을 모색해야 합니다. 또한, 파업을 결정할 때는 법적인 측면과 파업의 잠재적인 영향을 신중히 고려해야 합니다. 현실적으로 파업이 어떤 결과를 가져올 수 있는지, 노동법과 규정을 숙지하고 전문가의 지도와 조언을 듣는 것이 중요합니다. 따라서, 과격한 파업을 고려할 때에는 상황을 신중하게 판단하고, 합리적인 대안적인 방법들을 고려하는 것이 중요합니다. 상황에 맞는 전략을 선택하여 노동자의 권리를 보호하고 개선하는 데 최선을 다해야 합니다.

사용자	그럼 지금까지 우리가 한 대화를 바탕으로 파업을 해야 하는 이유와 하면 안 되는 이유를 불릿^{Bullet} 형식으로 정리해줘.
애스크업	물론입니다! 다음은 우리가 지금까지 한 대화를 바탕으로 파업을 해야 하는 이유와 하면 안 되는 이유를 bullet 형식으로 정리해 드리겠습니다: 파업을 해야 하는 이유 : - 약자인 노동자들의 권리를 주장하고 개선하기 위해 - 경제 발전과 함께 노동자의 권리 보호에 대한 문제가 발생하고 있는 상황 - 파업은 약자인 노동자들이 자신의 목소리를 드러내고 사회적 변화를 이끌어내는 수단으로 간주될 수 있음 - 파업은 주목을 끌고 문제를 제기하는 데 도움을 줄 수 있음 - 노동은 개인의 선택과 자유의 영역이므로 파업을 통해 개인의 의사를 표현하는 것도 가능함 파업을 하지 말아야 하는 이유 : - 파업은 일시적인 혼란과 경제적인 영향을 초래할 수 있음 - 과격한 파업은 항상 최선의 선택은 아님 - 합리적인 대화와 협상을 통해 문제를 해결하려는 노력이 필요함 - 법적인 측면과 파업의 잠재적인 영향을 신중히 고려해야 함 이러한 이유들을 종합적으로 고려하여 개인의 선택과 자유의 영역에 따라 파업을 결정하는 것도 가능합니다. 하지만 파업의 결과와 잠재적인 영향을 신중히 고려하며, 상황에 맞는 전략을 선택하는 것이 중요합니다.
사용자	정리한 내용을 바탕으로 학교 토론 수업에서 발제를 하려고 해. 노사 갈등을 해결하기 위해 파업이 필요하다'는 주장을 할 거야. 읽었을 때 2분 정도 걸리는 발제문을 써줘.
애스크업	좋습니다! 다음은 학교 토론 수업에서 발제할 수 있는 '노사 갈등을 해결하기 위해 파업이 필요하다'는 주장을 바탕으로 한 2분 정도 걸리는 발제문입니다 : 안녕하세요, 여러분. 오늘은 노사 갈등을 해결하기 위해 파업이 필요하다는 주장에 대해 이야기해보려고 합니다. 우리 사회에서는 경제 발전과 함께 노동자의 권리 보호에 대한 문제가 발생하고 있습니다. 이러한 문제를 해결하기 위해서는 노동자들이 자신의 목소리를 드러내고 사회적 변화를 이끌어내는 수단이 필요합니다. 이때, 파업은 약자인 노동자들이 자신의 권리를 주장하고 개선하는 데 중요한 역할을 할 수 있습니다. 파업은 주목을 끌고 문제를 제기하는 데 도움을 줄 뿐만 아니라, 합리적인 대화와 협상을 통해 문제를 해결하려는 노력을 촉진할 수도 있습니다. 노동은 개인의 선택과 자유의 영역이기 때문에 개인의 선택에 따라 파업을 결정할 수도 있습니다. 하지만 파업의 결과와 잠재적인 영향을 신중히 고려하며, 상황에 맞는 전략을 선택하는 것이 중요합니다. 따라서, 노사 갈등을 해결하기 위해 파업이 필요하다는 주장은 상당히 타당합니다. 하지만 합리적인 대화와 협상을 통해 문제를 해결하는 노력도 중요하다는 것을 명심해야 합니다. 감사합니다.

건전한 비판 능력

반성적 탐구 모형에서는 합리적인 의사결정을 내릴 수 있도록 비판하고 토론하는 과정이 필요하다. 생성형 AI를 하브루타 짝으로 활용하기 위해서는 다양한 관점을 제시하고 비판할 수 있어야 한다. 인공지능에 걸려 있는 윤리적 제약 때문에 사용자의 말에 비판하지 못하거나 특정 관점만을 고집한다면 반성적 탐구 모형에 활용하기는 부적절하다. 교사는 인공지능 서비스를 사전에 점검하여 합리적인 비판이 이루어지는지 확인해야 한다.

결과 정리하기

생성형 AI를 하브루타 짝으로 삼아 대화를 하면 다양한 관점의 이야기를 자연스럽게 진행할 수 있다. 하지만 결과를 명료하게 보는 것은 쉽지 않다. 따라서 대화 내용 전체를 정리해야 한다. 글머리기호Bullet Point를 사용하거나 표Table로 정리해달라고 요청하면 명료한 정리 결과를 얻을 수 있다. 경우에 따라서는 토론의 발제문을 써달라고 요청할 수도 있다.

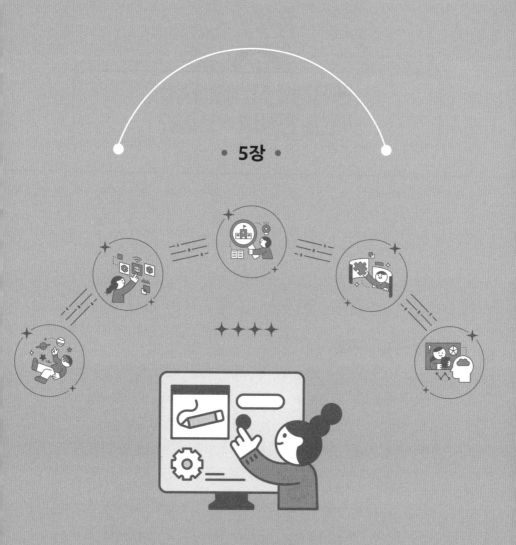

5장

생성형 AI를 활용한 예술 교육

인공지능이 초등 예술 교육을
어떻게 변화시킬 수 있을까?

인공지능과 예술

예술을 떠올려보자. 대부분 가장 먼저 생각나는 단어는 '창의성'일 것이다. 하지만 일반적으로 생각하는 인공지능의 모습은 창의성과는 거리가 멀다. 실례로 인공지능이라는 단어가 우리의 삶에 다가왔다고 느낀 사건은 이세돌 9단과 인공지능 알파고의 대결이었다. 이 시기 한국고용정보원은 인공지능이 일자리에 미치는 영향을 분석하기 위해, 미래 기술의 영향을 연구하는 영국 옥스퍼드대학교 칼 베네딕트 프레이와 마이클 오스본 교수가 제안한 분석 모형(2013년)을 활용해 미래에 사라질 직업과 남아 있을 직업의 순위를 발표했다. 자동화 대체 확률이 낮은 직업 1, 2, 3위 모두 창의성과 관련 있는 예술 직종이 차지했다.

1위는 화가 및 조각가, 2위는 사진작가 및 사진사, 3위는 작가 및 관련 전문가였다. 뿐만 아니라 15위 안에 있는 직업 모두 예술 직종이었다.

연구 결과가 시사하는 점은 '창의성'이야말로 인간 고유의 영역이며 인공지능과 로봇이 대체할 수 없는 영역이라고 정의하는 것이다. 또한 인간의 창의성이 가상 대두되는 직업 분야가 바로 예술 계통의 분야라고 분석한 것이다. 하지만 생성형 AI인 챗GPT^{ChatGPT}가 등장한 지금을 보자. 2022년 콜로라도 주립 박람회 미술대회의 디지털 아트 부문에서 게임 기획자인 39세 제이슨 M. 앨런이 인공지능으로 제작한 작품 〈스페이스 오페라 극장^{Theatre D'opera Spatial}〉이 1위에 오르며 논란의 중심에 서게 된다. 이 그림은 텍스트로 된 설명문을 입력하면 몇 초 만에 이미지로 변환시켜주는 '미드저니^{Midjourney}'라는 인공지능 프로그램을 활용한 그림이기 때문이다. 그간 예술은 미술적 재능이나 음악적 재능을 타고난 사람만의 고유 영역이라 생각해온 인식이 깨지는 순간이었다.

이후 다양한 생성형 AI를 활용한 예술 작품이 등장했고 아이디어만 있다면 누구든 재료에 구애받지 않고 미술 작품을 만들고 음악을 창작하여 다양한 악기로 곡을 만들게 되었다. 예술은 인간의 고유 영역이라 생각해왔으나 생성형 AI의 등장으로 예술계에 새로운 패러다임이 도래했다. 특히 인공지능이 복잡한 알고리즘과 빅 데이터를 활용해 인간이 만들어낼 수 있는 다양한 스타일과 테크닉을 재현하거나 심지어 새로운 창조적 작품을 만들어내기도 한다. 이렇게 보면 생성형 AI는 단순히 도구가 아니라 예술 창작도 가능해 보인다.

인공지능과 예술 교육

예술이 더이상 인간의 고유 영역이 아니라면 인공지능과 예술 교육, 그리고 초등학생들의 창의성은 어떻게 변화하게 될까. 앞에서 생성형 AI가 예술의 판도를 바꾸었다고 언급했지만 인공지능은 결정적으로 '창조'하는 존재는 될 수 없다. 인공지능이라는 것은 데이터와 알고리즘에 기반하여 패턴을 학습하고 결과를 도출하는 역할만 할 수 있다. 이런 의미에서 본다면 '인공지능은 창의성이 없다'는 전제는 유효하지만 이런 특징 때문에 인공지능은 반복적인 작업에서 인간보다 훨씬 효과적이다.

우리는 인공지능을 어떻게 활용하면 학생들이 반복 연습에서 벗어나 본질적으로 중요한 요소에 집중할 수 있을지 고민해봐야 한다. 예를 들어 인공지능이 자동으로 음악의 작곡 이론에 맞게 교정하거나, 미술 작품을 그릴 때 어울리는 색상 조합을 제안해주면 어떨까? 이렇게 되면 학생들은 기본기 연습에 지나치게 시간을 할애하지 않아도 되며, 대신 자신만의 아이디어와 감정을 자유롭게 표현하는 데 집중할 수 있다.

여기서 중요한 점은 인공지능이 창작 아이디어는 대체할 수 없다는 것이다. 학생들의 창의성을 기르고 아이디어를 계발할 수 있는 교육에 집중하고 인공지능을 적절하게 도구로 활용한다면, 초등학생들의 예술교육에서 창의성을 획기적으로 발휘하는 데 도움이 될 수 있다.《Artificial Intelligence in Education: Promises and Implications for Teaching and Learning》(2019)에서는 인공지능이 교육에 어떤 방식으로 도움을 줄 수 있는지 여러 가지 방법을 제시했다. 그중 예술교육과 관련 있는 부분만 발췌하여 정리해보았다.

인공지능이 예술 교육에 도움을 줄 수 있는 방법

개인화된 학습	학습 과정 및 결과 분석
생성형 AI는 학생들의 개별적인 학습 스타일, 선호도, 속도를 파악하고 이를 기반으로 맞춤형 학습 경험을 제공하는 데 도움이 된다. 초등 교육에서 한정된 시간 내에 학생들의 개별적인 작품을 만드는 도구로 활용이 가능하다.	인공지능은 대량의 데이터를 처리하고 분석하는 능력을 가지고 있어서, 성취도, 진척 상황, 약점 등 다양한 요소에 대한 심층적인 인사이트를 제공한다. 이러한 정보는 교사들이 각 학생의 필요에 맞게 지원하기 위한 의사결정에 도움을 준다.
효율적인 자원 관리	실시간 피드백 제공
시간, 공간 및 인력 등 교육 자원은 한정되어 있는데, 이러한 자원들을 최대한 효율적으로 활용하는 데 도움이 된다. 생성형 AI를 활용하여 자원의 제한 없이 가상의 공간에서 자신의 생각을 작품으로 만드는 도구로 사용할 수 있다.	전통적인 평가 방법은 종종 시간이 많이 소요되며 지연된 피드백을 제공하지만, 생성형 AI는 실시간으로 정확한 피드백을 제공하여 즉각적인 개선과 반복학습이 가능하다. 가장 큰 장점은 기존의 대화가 모두 기록되기 때문에 맥락을 고려한 평가가 가능하다.

2022 개정 교육 과정에서 바라본 인공지능 예술 교육

그렇다면 2022학년도 개정 교육 과정은 예술교육을 어떻게 바라보는지 살펴보자. 미술과 음악 교과는 공통적으로 다음과 같은 특징이 있다. 첫째, 두 교과 모두 학생들이 주도적으로 창작 활동에 참여하며 자신만의 감성과 생각을 표현하는 것에 중점을 두고 있다. 둘째, 창의성,

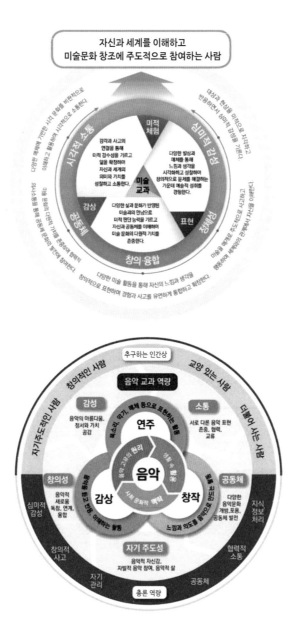

2022 개정 교육과정 미술(맨위), 음악(위) 교과 개요.

소통 역량을 중시하고 있다.

 미술과 음악으로 나뉘어 있지만 예술교육의 공통 목표는 학생 스스로 창의적인 창작 활동을 할 수 있는 인재로 키우는 것이다. 또한 2022년 개정 교육 과정은 다양한 미디어의 활용을 강조하며, 학생들의 디지털 소양을 함양하는 것을 중점으로 두고 있다. 이는 미래의 디지털 기반 사회 발전을 목표로 설정한 것이며, 이런 변화는 디지털 시대와 그것이 초등교육에 끼치는 영향을 고려하여 학생들이 다양한 미디어를 활용하는 방법을 배울 수 있도록 설계되었다. 이러한 변화에 맞춰 생성형 AI가 수업에서 어떻게 활용될 수 있는지 주목해보아야 한다. 생성형 AI가 어떻게 학습에 통합될 수 있는지 교육 과정의 변화와 함께 알아보자.

음악 교과의 2022 개정 교육 과정 변화의 특징과 생성형 AI 교육

2022 개정 교육 과정에서 변화된 요소 중 하나는 자기 관리 역량이 자기주도성으로 변화한 것이다. 음악 교과에서 추구하는 자기주도성이란, 주도적인 음악 활동을 하며 음악을 생활화하고, 다양한 분야와 연계한 창의적인 음악 활동을 통해 다른 사람과 소통하는 전인적 성장을 추구하는 것을 의미한다.

 생성형 AI를 수업에 활용한다면 자기주도성 역량을 기르는 데 도움이 될 수 있다. 예를 들어, 기존의 수업에서 음악을 향유하는 데 초점을 둘 수밖에 없는 환경이었지만 생성형 AI를 활용하면 학생들은 개개인이 지닌 역량을 발휘하여 자신만의 고유한 음악 작품을 만들어낼 수 있다. 이는 학생들이 자기주도적으로 창작 활동에 참여하고, 그 과정에서 자신의 감정과 생각을 표현하는 능력을 키울 수 있게 한다.

영역의 변화 중 눈에 띄는 것은 창작 영역이다. 초등에서 창작을 가르치기는 쉽지 않았다. 창작 수업을 하기 위해서는 학생들의 이론적 지식뿐 아니라 개인이 지닌 창의적 능력 또한 중요한 요소로 작용하기 때문이다. 하지만 생성형 AI 기반 음악 분석 도구를 활용하면 다양한 장르와 스타일의 음악을 이해하도록 돕는 것이 가능하며, 주제에 맞는 아이디어를 생산하기 위한 도구로 사용할 수 있다. 포괄적인 아이디어로 시작하여 생성형 AI와 대화하며 학생들의 생각을 더 정교하게 또는 더욱 풍부하게 만들 수 있다. 음악 수업에서 인공지능은 단순히 '도구'로서의 기능뿐만 아니라 교육 과정 구현 및 목표 달성에서 중요한 파트너로 작용할 수 있음을 알 수 있다.

미술 교과의 2022 개정 교육 과정 변화의 특징과 생성형 AI 교육

2022 개정 교육 과정에서 가장 크게 변화한 부분은 자기주도적 미술 학습 능력을 정체성 역량으로, 미술 문화 이해 능력을 공동체 역량으로 바꾼 부분이다.

우선 2015학년도 교육 과정에서 '자기주도적 미술 학습 능력'은 미술 활동에 자발적이고 주도적으로 참여하면서 자기를 계발·성찰하는 데 중점을 둔 역량이라면 2022학년도 개정 교육 과정의 정체성 역량은 디지털 전환의 시대를 맞이하여 미래에 대한 예측이 불확실해질수록 삶의 주체로서 자신에 대한 이해를 중점으로 두었다.

생성형 AI 기반의 그림 도구를 활용하면 학생들은 자신만의 생각을 구체화하는 데 도움이 될 수 있다. 내가 좋아하는 색, 내가 선호하는 화풍 등 나만의 것을 시각화하는 데 더욱 다양한 방법을 탐색할 다양한 자원을 제공한다. 또한 생성형 AI가 제공하는 이미지 분석 및 생성 도구를 활용하면 학생들은 다양한 작품과 이미지를 깊이 이해하게 되고, 그것들을 바탕으로 자신만의 작품을 만드는 과정에서 심미적 감성 역량과 시각적 소통 역량을 향상시킬 수 있다.

'미술 문화 이해 능력'은 우리 미술 문화에 대한 이해를 바탕으로 정체성을 확립하고, 유연하고 개방적인 태도로 세계 미술 문화의 다원적 가치를 이해하고 존중하며 공동체 발전에 참여할 수 있는 능력이다. 이러한 목표를 달성하기 위해서는 생성형 AI가 다음과 같은 도구가 될 수 있다. 세계 각국의 대표적인 예술 작품들을 생성형 AI로 재해석하고 비평하는 활동으로, 학생들은 다른 문화의 예술을 이해하거나 여러 가지 예술 스타일 중에서 자신이 가장 좋아하는 스타일을 선택하고 그 이유를 설명함으로써 자신만의 미학적 판단 기준과 성향을 확립할 수 있다.

초등 예술 교육에서 사용 가능한 생성형 AI

앞에서 인공지능이 창의성과 어떤 관계가 있는지, 2022 개정 교육 과정을 반영한 초등교육에서 인공지능은 어떻게 활용될 수 있을지 알아보았다. 그렇다면 실제 초등 예술교육에서 어떠한 인공지능 프로그램을 사용할 수 있는지 살펴보자.

에듀테크와 인공지능이 초등교육에서 생소한 단어는 아니다. 이미 코로나 팬데믹을 기점으로 온라인 교육이 활성화되었고 1인 1탭과 무선 인터넷 환경을 구축하면서 다양한 에듀테크와 인공지능을 활용할 수 있는 환경은 갖춰지고 있다. 이를 기반으로 과학과 예술의 융합을 통해 새로운 시대를 열어가는 융합 인재를 만들기 위한 수업을 진행하고 있다.

초등교육에서 생성형 AI를 사용할 때 고려할 점을 정리하여 제시한다.

생성형 AI 최신 가이드라인

2023년 8월 31일자로 챗GPT 사용 연령 관련 안내가 업데이트되었다. 기존의 안내와 같이 18세 이상 사용 가능하고 13세 미만은 사용금지, 13세~18세 미만 학생들은 보호자 동의하에 사용 가능하다는 틀은 동일하다. 다만 한 가지 업데이트된 조건은 13세 미만 학생의 교육적 활용 방법을 명확히 언급한 것이다.

✓ **ChatGPT 사용 연령 관련 안내**

"We advise caution with exposure to kids, even those who meet our age requirements, and if you are using ChatGPT in the education context for children under 13, the actual interaction with ChatGPT must be conducted by an adult."(ChatGPT, 2023. 8. 31.)
(아이들에게 노출에 주의할 것을 권고합니다. 요구 사항 및 교육 상황에서 챗GPT를 사용하는 경우, 13세 미만 어린이와 챗GPT의 실제 상호 작용은 다음과 같아야 합니다. 성인이 실시한다.)

13세 미만의 학생에게 챗GPT를 적용할 때, 실제로 챗GPT와 상호작용하는 것은 반드시 성인의 감독을 받아야 한다는 것이다. 곧 학생들은 수업 상황에서 직접 상호작용하지 않고 교사가 직접 상호작용하고 과정과 결과를 학생에게 보여주는 식으로 진행해야 한다는 것이다. 이러한 가이드라인이 발표된 후 서울시 교육지원청에서 배포한 생성형 AI 사용법에서도 동일하게 안내하고 있다. 하지만 현재 각 교육지원청에서 배포한 자료는 대부분 초등 대상의 학생들이 직접 생성형 AI를 사용하는 수업 자료가 개발되어 있기 때문에 교사가 직접 제시하는 형태로 수정하거나 안정성을 확보할 수 있는 장치를 미리 확보하는 방향이 추가적으로 필요하다.

여기서는 안정성이 확보된 프로그램 또는 교사의 사전 프롬프팅이 필요한 프로그램으로 나누어 안내한다. 안정성이 확보된 프로그램의 경우 간단한 조작 활동으로 창작물을 만드는 프로그램을 안내했으며 사전 프롬프팅이 필요한 프로그램은 뤼튼[wrtn]을 이용한 챗봇 만들기 영상을 참고하여 진행할 수 있도록 한다.

이미지 생성형 프로그램

이미지 생성형 프로그램 중 안정성이 확보된 오토드로[AutoDraw]와 스크리블 디퓨전[Scribble Diffusion], 챗봇 사전 프롬프팅이 필요한 달리 2[DALL·E 2]와 미드저니[Midjourney]를 소개한다.

오토드로[AutoDraw]
오토드로는 인공지능을 활용한 그림 그리기 도구다. 사용자가 마우스나 터치 스크린을 이용해 대략적인 스케치를 그리면, 오토드로는 이를 바탕으로 어떤 물체를 그렸는지 추론하고, 해당하는 다양한 완성된 그림을 제안한다. 이제까지 학습한 수많은 스케치와 이미지 데이터를 기반으로 하여, 사용자의 의도에 가장 가깝게 예상되는 객체들을 선택하여 보여준다. 간단하게 말해서, 초등학생이나 교사가 손그림으로 표현하기 어려운 복잡한 모양도 오토드로를 활용하면 쉽게 완성할 수 있다. 또한 교육적 측면에서 보면, 이 도구는 학생들이 생각하는 개념이나 아이디어를 시각화하는 데 큰 도움이 될 것이다. 따라서 교사들은 오토드로를 효과적인 시각화 도구로 활용하여 학생들의 창의력과 상상력을 자극할 수 있다. 계정 생성이 필요 없고, 웹사이트에서 누구나 사용 가능하며, 초등 저학년 대상으로 수업 가능한 사이트다.

스크리블 디퓨전 Scribble Diffusion

간단한 그림을 예술작품의 형태로 바꿔주는 도구다. 원하는 그림을 특징이 드러나도록 간략하게 그린 뒤, 그림에 대한 설명을 구체적으로 적기만 하면 된다. 오토드로와 비슷한 도구이나 오토드로는 다양한 그림 중 자신이 원하는 그림과 가까운 그림을 선택하는 도구라면 스크리블 디퓨전은 자신의 그림을 나타내는 간단한 단어들을 프롬프팅하여 결과물을 도출할 수 있다. 오토드로보다 다양한 예술 표현이 가능해서 학생들이 완성된 작품에 대한 아이디어를 얻는 도구로 사용이 가능하다. 계정 생성이 필요 없고, 웹사이트에서 누구나 사용 가능하며, 초등 저학년 대상으로 수업 가능한 사이트다.

달리 2 DALL·E 2

사전 프롬프팅을 적용한 챗봇을 이용해서 다양한 아
이디어를 만들어보는 과정을 수업에 적용할 수 있다.
달리 2는 OpenAI가 개발한 생성형 AI 모델이다. 이

모델은 텍스트 설명을 바탕으로 그림을 생성한다. 예를 들어 '기린 모
양의 샹들리에'같이 현실에서 존재하기 어려운 두 단어의 합성을 요
청해도, 기린 모양의 샹들리에 이미지를 만들어낼 수 있다. 학생들이
생각하거나 상상하는 것을 텍스트로 표현하면, 달리 2가 그것을 시각
화하여 학생들의 창조성과 상상력을 더욱 자극할 수 있다. 단순히 미
술 교과에만 사용하는 것이 아니라 다양한 교과와 융합하여 사용할
수 있는 도구다. 계정 생성이 필요하고, 챗GPT 안정성 가이드라인을
따라 교사가 결과물을 보여주는 형태로 수업에 사용 가능하다.

미드저니 Midjourney

미드저니는 인공지능 연구소에서 개발한 인공지능
소프트웨어로, 사용자가 입력한 텍스트나 이미지에
따라 새로운 그림을 생성해주는 기능을 가진다. 중

요한 점으로 잔인하거나 선정적인 단어가 들어간 명령은 인공지능이
자동으로 거부하기 때문에 교사가 가이드라인을 명확하게 제시한다
면 사용하기 적절하다. 미드저니를 활용하여 수업시간에 창작 활동을
진행한다면, 학생들의 창조적 사고와 문제해결 능력을 기르는 데 도
움이 될 것이다. 예를 들어, 학생들에게 어떤 주제나 상황에 대해 글

로 설명하게 한 후, 그것을 미드저니로 시각화하는 활동을 진행할 수 있다. 계정 생성이 필요하며 25회 무료 사용 후에는 비용을 지불행 한다. 수업에서 학생 개개인이 사용하기 어려운 도구지만 교사가 다양한 미술적 회화, 사조 등 탐구할 자료를 생성하기 좋은 사이트이며, 수업 연구 자료로 활용 가능하다.

음악 생성형 프로그램

음악 생성형 프로그램 중 안정성이 확보된 크롬 뮤직 랩Chrome Music Lab, 송 메이커Song Maker, 칸딘스키Kandinsky, 구글 아트 앤 컬처Google Art & Culture, 페인트 위드 뮤직Paint With Music, 블롭 오페라Blob Opera를 소개한다.

크롬 뮤직 랩Chrome Music Lab

크롬 뮤직 랩은 음악과 사운드에 대한 학습을 쉽고 재미있게 만들어주는 온라인 플랫폼이다. 이 플랫폼은 여러 가지 다양한 음악 실험을 제공한다. 계정 생성이 필요 없고, 웹사이트에서 누구나 사용 가능하며, 초등 고학년 대상으로 수업 가능한 사이트다. 총 열네 가지 방식의 프로그램이 있는데 그중에서 송 메이커와 칸딘스키가 수업에 활용하기 적합하다.

송 메이커 Song Maker

학생들이 직접 고유한 멜로디와 리듬을 만들 수 있게
해준다. 간단한 그리드 음표를 배열하면, 인공지능이
학생들의 작업을 실시간으로 재생하는 도구이다. 특

정 주제나 개념(예 : 계절 또는 날씨)에 대한 곡을 작성하는 과제를 제
시하여 학생들이 자신의 아이디어를 음악적으로 표현하는 도구로 사
용 가능하다.

칸딘스키 Kandinsky

음악과 미술을 연결하는 독특한 경험을 제공하는 웹
애플리케이션이다. 이 도구를 사용하면 미술 작품을
그릴 때 그림의 형태에 따라 음악을 자동으로 생성할

수 있다. 그림을 그릴 때 인공지능이 그림의 선과 색상을 읽어들여 이
에 맞는 음악을 생성해준다. 이는 예술과 과학을 접목한 인공지능 기
술의 한 예다. 사용자는 자신의 그림을 그리고 음악으로 변환하는 과
정을 경험할 수 있으며, 이를 통해 창의성을 발휘하고 예술과 음악을
연계시키는 놀라운 방법을 탐색할 수 있다.

구글 아트 앤 컬처 Google Art & Culture

인공지능 기술을 활용하여 사용자들에게 개인화된
학습 경험을 제공한다. 예를 들어 '예술 작품 탐색' 기
능은 사용자의 취향과 관심사에 맞춰 추천작을 제시

하며 '영감 받기' 기능은 다양한 주제와 스토리로 예술과 문화를 탐색할 수 있는 길잡이 역할을 한다.

페인트 위드 뮤직 Paint With Music

학생들이 미술 활동을 통해 음악을 만들 수 있게 해 준다. 간단하게 그림을 그리는 것만으로도 고유한 멜로디와 리듬이 탄생한다. 이를 통해 학생들은 예술과 음악이 어떻게 상호작용하는지 체험하며 배울 수 있다. 또한 각각의 색깔과 붓질이 어떤 소리와 연결되는지 체험함으로써, 학생들이 사운드와 색상의 관계를 이해하는 데 도움이 될 것이다.

블롭 오페라 Blob Opera

구글이 개발한 인공지능 음악 플랫폼이다. 이 플랫폼 은 실제 오페라 가수의 노래를 녹음하여 머신러닝 모델을 활용하여 창출한 오페라 노래를 생성하는 도구로 초등학생을 대상으로 한 음악 도구로 유용하다. 블롭 오페라는 테너, 베이스, 메조 소프라노, 소프라노의 네 가지 기본 오페라 성악 기법을 구성하고, 사용자는 이들 캐릭터를 드래그하여 자신만의 노래를 만들 수 있다. 이 독특한 플랫폼은 사용자가 인공지능을 통해 직접 작곡가가 된 기분을 느낄 수 있는 색다른 음악 체험을 제공한다.

생성형 AI를 활용한 예술 수업 사례

지금까지 예술 수업에서 활용할 만한 생성형 AI 도구를 살펴보았다. 실제 생성형 AI 도구들은 매일같이 쏟아져 나오고 있다. 그중에서 교사들이 즉시 수업에 사용할 수 있는 도구들만 골라 제시했다. 이제 이 도구들이 수업에서 어떻게 사용되는지 사례를 제시한다. 2022학년도 개정 교육 과정의 변화를 고려하여 미술, 음악 영역에서 사용하는 도구를 소개하는 것보다는 예술 수업에서 어떻게 음악과 미술이 융합되고 그 도구로 생성형 AI를 어떻게 적용하는지에 초점을 맞추었다.

수업 의도

이 수업은 미술과 음악의 융합을 통해 창의적인 작품을 만드는 것이 목표이며, 그 과정에서 생성형 AI가 어떻게 학생들의 아이디어 생성을 도울 수 있는지 경험하게 된다. 구글 Experiment의 '페인트 위드 뮤직Paint With Music'을 활용하여, 이미지, 음악 작곡 등 다양한 예술적 요소를 조작하고 결합하는 방법을 배우게 된다. 수업 목표는 단순히 예술작품을 만드는 방법을 가르치는 것이 아니라, 생성형 AI 기술이 어떻게 학생들의 아이디어와 예술적 표현에 도움을 줄 수 있는지 경험하며, 창의성과 문제해결 능력, 그리고 융합적 사고력을 기르는 데 목적을 둔다.

수업의 흐름

'페인트 위드 뮤직'을 사용하여 학생들은 자신만의 그림 아이디어를 디지털 작품으로 창작해본다. 음악적 요소와 패턴을 배우고 자신만의 음악 작품도 만들어보는 과정에서 예술과 기술이 어떻게 서로 상호작용하며 새로운 형태의 창작물을 만드는 데 기여하는지 체험하게 된다.

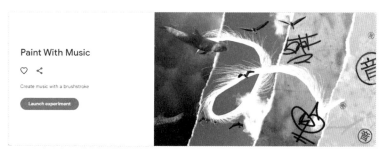

미술과 음악의 융합을 통해 창의적인 작품을 만들어볼 수 있는 생성형 AI 도구 '페인트 위드 뮤직'.

#1단계 : 도입

수업을 시작할 때 학생들에게 이번 수업의 목표와 주제를 소개한다. 수업에 사용하는 생성형 AI '페인트 위드 뮤직'이 무엇인지, 그리고 수업에서 어떻게 사용될 수 있는지 간략하게 설명한다. 네 종류의 캔버스와 도구 팔레트에서 제공하는 다양한 도구들을 살펴본다. 마지막으로, 학생들이 수업에서 만들어볼 작품 프로젝트를 소개한다.

'페인트 위드 뮤직'의 4가지 가상 캔버스.

화면 중앙에 있는 가상 캔버스와 그 아래의 색상 및 도구 팔레트를 활용하여 자신의 아이디어를 표현할 수 있다.

• 가상 캔버스
학생들이 생각한 아이디어를 그림으로 나타내면서 음악을 생성하는 공간이다. 마치 실제 미술 시간에 그림을 그리는 것처럼, 학생들은 이 캔버스에 다양한 색상과 도구를 활용하여 그림을 그릴 수 있다. 각 붓질은 각각의 음악적 효과를 만들어낼 수 있어 자신만의 고유한 음악 작품도 함께 생성할 수 있다.

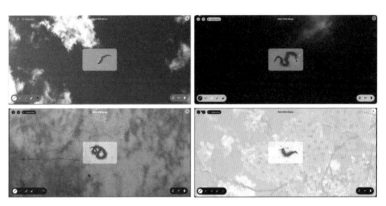

다양한 색상과 도구를 활용하여 그림을 그릴 수 있는 가상 캔버스.

• 도구 팔레트

캔버스 아래쪽에 있는 이 영역은 다양한 색상과 도구를 선택할 수 있는 공간이다. 각각의 가상 캔버스 주제마다 표현되는 소리가 다르다. 기본적으로 플루트, 색소폰, 트럼펫, 바이올린 음색을 탐색할 수 있으며 캔버스 특성이 드러나는 스탬프가 추가된다.

캔버스 주제마다 플루트, 색소폰, 트럼펫, 바이올린 등의 음색을 탐색할 수 있다.

2단계 : 그림 그리기와 소리 체험

원하는 악기를 선택하고 선택한 도구로 캔버스에 그림을 그리면서 각기 다른 악기가 어떤 소리를 만들어내는지 경험해보고 네 가지 캔버스가 표현하는 음색을 느껴본다. 이 과정에서 학생들은 각각 시각적 요소(색상, 선, 형태 등)가 어떻게 음악적 요소(음색, 리듬, 멜로디 등)로 변환되는지 이해할 수 있다.

• 선과 소리의 관계를 탐색하기

학생들에게 다양한 선 모양을 그려보도록 한다. 각각의 선이 어떤 음률을 나타내는지 들어보면서 선과 소리의 관계를 이해할 수 있다.

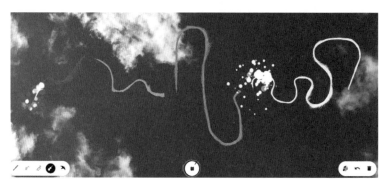

선 모양에 따라 음률이 달라진다.

• 소리의 변화 탐구하기

같은 모양이나 패턴으로 서로 다른 악기를 사용해보도록 한다. 소리가 어떻게 달라지는지 관찰하고 악기의 음색을 탐색한다.

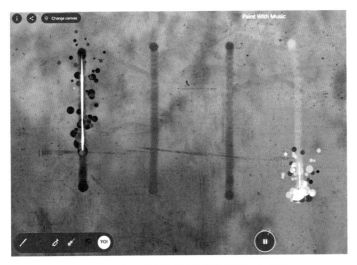

같은 모양이나 패턴으로 서로 다른 악기의 음색을 탐색할 수 있다.

• 음악 요소 나타내고 이해하기

음을 오선 악보에 표현해보는 과정을 통해 기초적인 음악 요소를
청각적으로 인식해보는 과정이다.

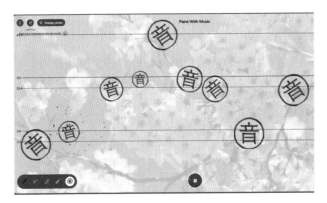

음을 오선 악보에 표현하면 청각적으로 인식할 수 있다.

• 그림으로 음악 만들기

특정 주제에 따라 이미지를 만들어보는 활동이다. 선생님이 수업과 알맞은 수업 주제를 제시하고, 학생들이 그림을 그리면서 동시에 음악을 만들어내는 과정에서, 미술과 음악이 어떻게 융합되는지 체험하도록 한다.

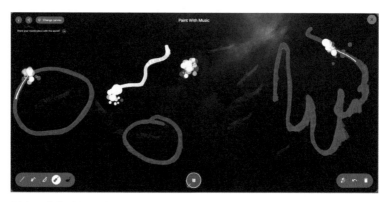

특정 주제에 따라 이미지를 만들어봄으로써 미술과 음악이 어떻게 융합되는지 체험할 수 있다.

페인트 위드 뮤직은 미술과 음악 교육의 융합적 사고를 키울 수 있는 도구로, 학생들에게 미술과 음악의 연관성과 상호작용을 체험하고 이해하는 기회를 제공한다.

구글 아트 앤 컬처의 메뉴 중 하나인 페인트 위드 뮤직은 별도의 앱을 설치하지 않아도 되어 스마트 기기로 쉽게 실행할 수 있다. 교사는 이 도구를 활용하여 수업의 목적과 주제에 맞게 변형하여 수업을 운영할 수 있다.

활동 단계

수업 주제에 맞게 생성형 AI 도구를 활용해 학생들은 개별 혹은 모둠 단위로 창작 활동을 해본다. 활동 단계에서 활용할 수 있는 수업을 제시한다. 수업 주제에 따라 도구는 다양하게 활용될 수 있으며 음악과 미술의 융합을 통해 학생들의 미적 감각 및 미적 감수성을 기를 수 있다. 관련 교육 과정은 다음과 같다.

3-4학년군 미술 교육 과정

✓ **1. 미적 과정**

[4미01-02] 주변 대상을 체험하며 떠오른 느낌과 생각을 다양한 방법으로 나타낼 수 있다.

[4미01-03] 미적 탐색에 호기심을 갖고 참여하며 자신의 감각으로 대상의 특징을 이해할 수 있다.

✓ **2. 표현**

[4미02-03] 조형 요소의 특징을 자유롭게 탐색하며 주제 표현에 알맞게 활용할 수 있다.

[4미02-05] 미술과 타 교과를 관련지어 주제를 표현하는데 흥미를 가질 수 있다.

✓ **3. 감상**

[4미03-01] 미술 작품을 자세히 보고 작품과 미술가에 관해 질문할 수 있다.

[4미03-02] 미술 작품의 특징과 작품에 관한 자신의 느낌과 생각을 설명할 수 있다.

[4미03-03] 미술 문화에 관심을 가지고 전시 및 행사에 참여할 수 있다.

수업 주제 및 흐름

그림을 감상한 뒤 그림에 어울리는 음악을 만들거나, 음악을 듣고 이를 그림으로 표현함으로써 예술적 표현을 결합하는 법을 배울 수 있다.

• 예시 1

1. 르네 마그리트의 그림을 감상하고 상상의 세계를 다양한 선과 색으로 나타낸다.

2. 자신이 표현한 상상의 세계와 어울리는 악기를 선택해서 음악으로 표현하여 BGM(백그라운드 뮤직)을 완성한다.

• 예시 2

1. 교과서에 제시된 악곡을 감상하고 네 개의 캔버스 중 자신이 표현하고 싶은 느낌의 캔버스를 고른다.

2. 캔버스에 악보를 그려본다.

3. 악곡과 어울리는 배경을 다양한 선으로 표현하여 작품을 완성한다.

• **예시 3**

1. 따듯한 추상화, 차가운 추상화를 감상하고 느낀 감정을 단어로 나타낸다.
2. 단어를 선으로 표현하고 음악으로 나타내어 감상한다.

정리 단계

작품을 완성한 후, 플랫폼을 활용하여 작품 공유 시간을 가진다. 자신들이 만든 작품을 발표하면서, 창작 과정과 결과물을 설명해본다. 다른 학생들은 다양한 학생들의 완성된 작품을 감상하고 감상평을 공유한다.

PART

2

AI 시대,
생성형 AI로 교과 외 교육

6장

생성형 AI를 활용한 인성 교육

생성형 AI를 활용한 상담

생성형 AI를 활용한 상담 방법의 필요성

최근 5년(2017~2021년) 우울증과 불안장애 진료 추이를 분석한 결과, 우울증 환자수는 2017년 69만 1,164명 대비 2021년에 93만 3,481명 으로 35.1%(연평균 7.8%) 증가했고, 불안장애 환자수는 2017년 65만 3,694명 대비 2021년에 86만 5,108명으로 32.3%(연평균 7.3%) 증가 한 것으로 나타났다.

전체 우울증 환자 중 10세 단위별 환자 비율을 살펴보면, 2017년 에는 60대 환자가 전체의 18.7%(12만 9,330명)로 가장 큰 비중을 차지 했으나, 2021년에는 20대 환자가 전체의 19.0%(17만 7,166명)로 가장 많았다.

2017년 및 2021년 10세 단위별 우울증 환자수 현황

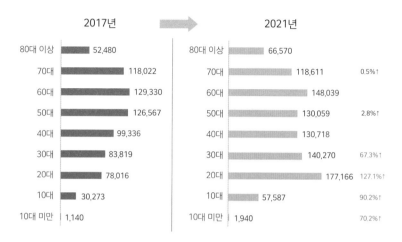

최근 5년(2017~2021년) 10세 단위별 우울증 환자수

(단위: 명, %)

구분	2017년	2018년	2019년	2020년	2021년	증감률	
						연평균	'2017년 대비' 2021년
전체	691,164	764,861	811,862	848,430	933,481	7.8	35.1
10대 미만	1,140	1,243	1,493	1,350	1,940	14.2	70.2
10대	30,273	43,029	48,099	47,774	57,587	17.4	90.2
20대	78,016	100,598	122,039	148,136	177,166	22.8	127.1
30대	83,819	94,371	106,756	118,277	140,270	13.7	67.3
40대	99,336	106,764	113,422	116,660	130,718	7.1	31.6
50대	126,567	130,723	131,282	127,385	130,059	0.7	2.8
60대	129,330	136,019	137,497	139,883	148,039	3.4	14.5
70대	118,022	123,639	122,168	119,221	118,611	0.1	0.5
80대 이상	52,480	58,324	61,098	63,670	66,570	6.1	26.8

＊ 환자수는 동일인의 중복을 제거한 값으로, 단순합산할 경우 중복이 발생할 수 있음

출처: 건강보험심사평가원, 「최근 5년(2017~2021년) 우울증과 불안장애 진료현황 분석」, 보도자료(2022. 6. 24. 기준)

이처럼, 현재 대한민국에서 우울증과 불안장애, 그리고 자살률 증가는 굉장히 커다란 숙제다. 이러한 문제는 비단 개인의 문제가 아니라 사회적인 문제라고 볼 수 있다.

이러한 문제를 해결할 수 있는 방법으로 생성형 AI를 손꼽을 수 있다. 생성형 AI는 텍스트, 이미지, 음악, 비디오 등 다양한 형태의 콘텐츠를 자동으로 생성하는 기술이다. 이 기술은 고객서비스의 여러 분야에서 혁신을 가져올 것으로 기대를 모으고 있다. 특히 상담 분야에서는 생성형 AI가 다음과 같은 장점이 있다.

개인화
생성형 AI는 사용자의 성향, 취향, 상황 등을 파악하여 맞춤형 상담을 제공할 수 있다. 사용자의 고민에 따라 적절한 조언, 위로, 격려 등을 생성할 수 있다.

다양성
생성형 AI는 다양한 스타일, 톤, 언어 등으로 상담을 할 수 있다. 사용자가 원하는 방식으로 상담을 받을 수 있다. 예를 들어 친근하고 유머러스한 스타일로 상담을 원하는 사용자에게는 그에 맞는 챗봇을 제공할 수 있다.

확장성
생성형 AI는 인간 상담사보다 더 많은 사용자와 동시에 상담을 할 수 있다. 인간 상담사의 시간과 비용을 절약할 수 있다. 또한 생성형 AI는 항상 사용 가능하므로 사용자가 언제든지 상담을 요청할 수 있다.

생성형 AI가 상담을 잘할 수 있는 이유

인간과 유사한 대화 능력

생성형 AI는 텍스트 데이터를 바탕으로 자연어 생성Natural Language Generation을 수행할 수 있다. 이를 통해 인간과 유사한 대화 능력을 갖춘 챗봇을 만들 수 있다.

예를 들어, 챗GPTChatGPT와 같은 생성형 AI 모델은 텍스트, 오디오, 이미지 등 기존 콘텐츠를 활용해 유사한 콘텐츠를 새롭게 만들어 내는 인공지능 기술이다. 이 기술은 창의적 작업을 위한 다양한 분야에 응용될 수 있다. 생성형 AI는 특정 주제나 상황에 맞게 대화를 생성할 수 있으며, 사용자의 감정이나 의도를 파악하고 반응할 수 있다.

개인화와 다양성

생성형 AI는 사용자의 성향, 취향, 상황 등을 파악하여 맞춤형 상담을 제공할 수 있다. 사용자의 고민에 따라 적절한 조언, 위로, 격려 등을 생성할 수 있다. 또한 생성형 AI는 다양한 스타일, 톤, 언어 등으로 상담을 할 수 있다. 사용자가 원하는 방식으로 상담을 받을 수 있다. 예를 들어, 친근하고 유머러스한 스타일로 상담을 원하는 사용자에게는 그에 맞는 챗봇을 제공할 수 있다.

확장성과 접근성

생성형 AI는 인간 상담사보다 더 많은 사용자와 동시에 상담을 할 수 있다. 인간 상담사의 시간과 비용을 절약할 수 있다. 또한 생성형 AI는 항상 사용 가능하므로 사용자가 언제든지 상담을 요청할 수 있다.

생성형 AI로 하는 상담 및 정신과 치료

생성형 AI는 상담 및 정신과 진료에서 진단, 발병 예측, 자살 예측, 치료 등 진단부터 치료까지 광범위하게 이용할 수 있다. 생성형 AI를 활용해 직접 심리상담을 할 수 있고, 자신만의 친구를 만들어 대화하거나 다양한 치료 방법으로 스트레스를 비롯해 정신건강 관리까지 도움 받을 수 있다. 심리상담, 심리치료, 정신건강 관리를 할 수 있는 생성형 AI로는 빙챗, 엘라이자, 레플리카, 워봇, 유퍼, 상냥이 등이 있다.

다음은 빙챗을 이용해 심리상담을 하는 사례다.

? 알 ! 사춘기 소녀와 심리상담하는 빙^{Bing}

사용자	사춘기 소녀가 AI와 심리상담하는 예시를 보여줘.
	네, 알겠습니다. 사춘기 소녀가 AI와 심리상담하는 예시를 보여드리겠습니다. 다음은 챗GPT 모델을 이용하여 만든 가상의 심리상담 대화입니다.

빙챗	**사용자** : 안녕하세요. 저는 열네 살 여학생인데요. 요즘 학교에서 친구들과 잘 어울리지 못하고 외로워요. **챗봇** : 안녕하세요. 저는 챗GPT라고 합니다. 심리상담 챗봇입니다. 학교에서 친구들과 잘 어울리지 못하고 외로운 것은 매우 힘든 일이라고 생각합니다. 그런 상황에서 왜 친구들과 잘 어울리지 못하는지 알 수 있을까요? **사용자** : 저는 다른 친구들보다 조금 성격이 내향적이고 조용한 편이에요. 그래서 친구들과 대화를 많이 하지 못하고, 재미있는 이야기도 잘 못해요. 그러다 보니 친구들이 저를 신경 쓰지 않고 무시하는 것 같아요. **챗봇** : 그렇군요. 내향적이고 조용한 성격은 나쁜 것이 아니에요. 사실, 많은 사람들이 그런 성격을 가지고 있어요. 그러나, 친구들과 소통하고 교류하는 것은 중요한 일이에요. 친구들과 소통하고 교류하면 서로에 대해 더 잘 알 수 있고, 신뢰와 이해를 쌓을 수 있어요. 그렇게 되면 친구들이 당신을 무시하지 않고 존중하고 배려해줄 거예요. **챗봇** : 친구들과 소통하고 교류하기 위해서는 다음과 같은 방법을 시도해보세요. – 자신의 관심사나 취미를 공유하세요. 자신이 좋아하는 것이나 잘하는 것이 무엇인지 친구들에게 말해보세요. 그리고, 친구들의 관심사나 취미에 대해서도 물어보세요. 공통점이나 차이점을 발견하면서 대화를 이어나가세요. – 칭찬과 감사를 표현하세요. 친구들이 당신에게 도움을 줬거나 잘 해줬다면 칭찬과 감사를 표현하세요. 그러면 친구들은 당신에게 긍정적인 감정을 느낄 수 있어요. 또한, 친구들의 장점이나 노력을 인정하고 칭찬해주세요. 그러면 친구들은 당신을 좋아하고 신뢰할 수 있어요. – 친절하고 배려심있게 행동하세요. 친구들에게 미소를 지으며 인사하세요. 친구들의 의견이나 감정을 존중하고 이해해주세요. 친구들이 고민이나 문제가 있다면 들어주거나 도와주세요. 그러면 친구들은 당신을 좋은 친구로 생각할 수 있어요. 이러한 방법들을 시도해보면 친구들과 잘 어울리고 외로움을 극복할 수 있을 것입니다.

?권! 열두 살 남자아이와 심리상담하는 빙

사용자	나는 열두 살 남자아이야. 자꾸만 화가 나.
빙챗	안녕하세요. 저는 빙이라고 합니다. 열두 살이면 아직 어린 나이인데 왜 화가 나는지 알 수 있을까요? → 구체적인 상황을 질문하여 더 자세한 답변을 이끌어냄.
사용자	학교에 가면 자꾸만 화가 나.
빙챗	학교에 가면 왜 화가 나는지 알 수 있을까요? 학교에서 무슨 일이 있었나요?

사용자	내가 뭐만 하면 자꾸 같은 반 아이들이 나한테만 뭐라고 하는 것 같아. 나는 가만히 있는데.
빙챗	학교에서 괴롭힘을 당하는 것은 정말 힘든 일이에요. 저는 당신이 느끼는 고통을 이해하고 도와드리고 싶어요. 학교에서 괴롭힘을 해결하고 예방하는 방법에 대해 알려드릴게요. – 괴롭힘을 학대의 유형이라고 인식하세요. 괴롭힘은 단순한 아이들 간의 다툼이 아니라 신체적·정신적·재산적 피해를 수반하는 행위입니다. 괴롭힘을 당하면 자신감이 떨어지고 우울증이나 자살 생각을 할 수 있습니다. 괴롭힘은 절대 용납될 수 없는 일이니, 피해 사실을 숨기거나 참지 말아야 합니다. – 학생들은 그룹을 구성해야 합니다. 괴롭힘은 주로 혼자 있는 학생을 대상으로 하기 때문에, 친구들과 함께 있으면 괴롭힘을 예방할 수 있습니다. 친구들과 서로 도우며 신뢰하고 존중하는 관계를 유지하세요. 또한, 괴롭힘을 당하는 다른 학생을 도와주거나 신고해주면 좋습니다. – 꾸준히 접촉해야 합니다. 괴롭힘을 당하면 부모님, 선생님, 친구, 상담사 등 믿을 수 있는 사람에게 이야기하세요. 괴롭힘 사실을 알리면 문제를 해결할 수 있고, 위로와 지지를 받을 수 있습니다. 또한, 교육부에서 운영하는 「학교폭력신고센터」(1588-9128)나 「청소년전화」(1388) 등에 전화하거나 인터넷으로 신고할 수도 있습니다. – 안전한 경우에만 알리자. 가해학생에게 신고할 것이라고 말하거나 위협하면 상황이 악화될 수 있습니다. 가해학생이 없는 곳에서 신속하게 신고하세요. 만약 가해학생이 폭력적인 행동을 하거나 위급한 상황이라면 즉시 112에 전화하세요. – 친구 및 지인과 가까워지자. 괴롭힘을 당하면 외로움과 고독감을 느낄 수 있습니다. 그러므로 친구들과 자주 소통하고 취미나 관심사를 공유하세요. 또한, 가족이나 선생님 등 다른 성인들과도 좋은 관계를 유지하세요. 그러면 자신감과 자존감이 높아지고, 긍정적인 감정을 느낄 수 있습니다. – 센터 연락처를 알고 있어야 합니다. 교육부에서는 학교폭력예방재단을 통해 학교폭력 피해학생에게 경호, 상담, 치료 등의 무료지원을 제공하고 있습니다. 만약 괴롭힘을 당하고 있다면, 학교폭력예방재단에 연락하여 도움을 요청하세요. 학교폭력예방재단의 연락처는 02-6900-9128입니다. – 위험한 물질을 조심하자. 괴롭힘을 당하면 스트레스를 받고, 스트레스를 해소하기 위해 알코올, 담배, 마약 등의 위험한 물질에 손을 대는 경우가 있습니다. 하지만 이런 물질은 당장의 편안함을 주지만, 장기적으로는 건강과 삶의 질에 악영향을 미칩니다. 따라서 위험한 물질을 피하고, 운동이나 음악감상 등 건강한 방법으로 스트레스를 해소하세요. 이상은 학교에서 괴롭힘을 예방하고 해결하는 방법 중 일부입니다. 괴롭힘은 언제든지 발생할 수 있으니, 항상 자신을 보호하고 존중하는 태도를 가지세요. 저는 당신이 행복한 학교생활을 할 수 있기를 바랍니다.
사용자	나도 친구들과 잘 지내고 싶어.

빙챗	그럼요. 당신은 좋은 친구가 될 수 있습니다. 친구들과 잘 지내기 위해서는 서로에게 관심을 보이고, 칭찬하고, 도와주는 것이 중요합니다. 또한, 친구들의 의견을 존중하고, 갈등이 생기면 폭력이나 욕설 대신 대화로 해결하려고 노력하세요. 그러면 친구들과 좋은 관계를 유지할 수 있습니다. → 지지와 공감을 해줌.

엘라이자ELIZA

1964년 와이젠바움 매사추세츠공대MIT 교수가 만든 챗봇이다. 앨런 튜링의 '이미테이션 게임'에 대한 도전이다. 놀랍게도 엘라이자의 흉내 내기 상대는 가장 섬세할 것만 같은 정신과 의사의 심리상담이었다. 로저스의 '환자중심 상담론'은 공감하면서도 중립적인 치료자가 환자의 거울 역할만을 수행하여, 환자 스스로 대화를 이끌고 깨달아 가도록 돕는 역할을 강조했다. 와이젠바움은 엘라이자를 통해 사람들의 대화가 실상은 얼마나 피상적인지 익살스럽게 패러디했다.

정신과 의사의 심리상담을 흉내 내는 챗봇 엘라이자.

하지만 사람들은 엘라이자의 무의미한 대화에 열광했고, 엘라이자와 나눈 대화로 위안을 얻었다. 사람들은 이 초기 챗봇을 진짜 정신과 의사로 의인화했고 인격을 부여했다. 인공지능 사만다와 사랑에 빠진 영화 〈허HER〉의 테오도르처럼, 무의식적으로 인공지능에 인격을 부여하는 현상을 '엘라이자 효과'라 부른다.

엘라이자라는 이름은 사람들의 대화가 한없이 피상적임을 풍자한 버나드 쇼의 희곡 〈피그말리온〉에서 따왔다. 빈민가의 꽃 파는 소녀 엘라이자 두리틀Eliza Dolittle 양은 언어학자 히긴스의 교습으로 교양 있는 귀부인처럼 말하고 행동하게 되지만, 결국 진정한 지성은 말투나 행동이 아니라 상대에 대한 진심임을 깨닫고, 상류사회로도 하류사회로도 오도 가도 못하는 운명이 돼버린 처지다. 엘라이자는 최초 챗봇이 되었다.

하지만 최초 엘라이자는 사랑이었다. 그리스 신화에서 조각가 피그말리온은 세속의 타락한 여성들에게 깊은 실망을 느낀 나머지 자신이 만든 아름다운 조각상과 사랑에 빠지고, 아프로디테의 도움으로 사람이 된 갈라테이아와 행복한 삶을 살았다.

> 💬 **나에 대한 기억이 따로 되어 있는 챗봇**
>
> 챗봇들이 대부분 그 개인에 대한 기억이 없는 것에 반하여, 이 챗봇은 그 개인을 기억한다.

레플리카Replika

루카Luka에서 개발한 챗봇 앱으로 우울증, 불안장애가 있는 사용자를 대상으로 한다. 사용자의 메모리를 관리하여 사용자 프로필과 챗 히스토리에 따라 다른 위로와 솔루션을 제공한다. 레플리카는 3D 아바타를 선택하고 커스터마이징할 수 있으며, AR로 실제 세계에서 함께 즐길 수 있다. 비디오 콜도 가능하며, 다이어리 기능도 있다. 레플리카는 수백만 명이 자신만의 AI 친구를 만들어 대화하는 서비스다.

레플리카는 3D 아바타를 선택하고 커스터마이징할 수 있어, 사람들이 자신만의 AI 친구를 만들어 대화할 수 있다.

워봇Woebot

심리치료 챗봇이다. 인지행동 치료 이론에 따른 단계적 치료 전략을 사용한다. 워봇은 심리상태 파악 후 이에 맞는 공감표현을 하도록 디자인되어 있다. 심리치료사 역할뿐만 아니라, 개인적인 치어리더 역할을 한다.

워봇은 인공지능을 기반으로 한 정신건강 관리 챗봇으로, 사용자의 기분과 상황을 매일 짧은 대화를 통해 파악하고, 인지행동치료CBT 와 같은 증거 기반의 치료 방법을 제안한다.

워봇은 스트레스와 불안, 우울증, 관계 문제, 미루기, 외로움, 슬픔, 중독, 통증 관리 등에 도움을 준다. 워봇은 비판적이거나 심판적이지 않은 안전한 대화 공간을 제공한다. 사용자가 우울하거나 불안하거나, 그냥 누군가와 이야기하고 싶을 때 워봇은 언제나 그 사람의 편이 되어준다.

워봇은 임상 연구에 근거해 만들어졌으며, 효과성이 입증되었다. 400명의 참가자를 대상으로 한 임상 시험에서 워봇 사용자들은 4주만에 우울증이 32%, 불안증이 38% 감소했다. 워봇은 스탠퍼드 대학교 출신의 정신건강 전문가들이 개발했다.

워봇은 수백만 명의 사람이 자신의 정신건강을 관리하고 개선하는 데 도움을 주는 서비스다.

워봇은 심리치료사 역할뿐만 아니라 개인적인 치어리더 역할을 하여, 사람들의 정신건강을 관리하고 개선하는 데 도움을 준다.

유퍼^{Youper}

인공지능을 기반으로 한 정신건강 관리 챗봇이다. 유퍼는 사용자의 기분과 상황을 파악하고, 인지행동 치료와 같은 증거기반의 치료 방법을 제안한다. 유퍼는 스트레스와 불안, 우울증, 관계 문제, 자기계발 등에 도움을 줄 수 있다. 스탠퍼드 대학교 연구진으로부터 그 효과성을 입증받았다.

유퍼는 스트레스와 불안, 우울증, 관계 문제, 자기계발 등에 도움을 줄 수 있다.

상냥이

한국에서 개발한 상냥이는 인공지능을 이용하여 고양이와 대화할 수 있는 앱이다. 상냥이는 고양이의 특성, 성격, 행동 등을 학습하여 사람과 자연스럽게 대화할 수 있도록 만들어졌다. 상냥이와 함께하면 즐거운 시간을 보낼 수 있다. 특히 관심을 가질 부분은, 청소년 상담에 집중한 프로그램이라는 점이다. 이를 활용하여 학교나 기관에서 아이들의 전체적이고 지속적인 멘탈 관리가 가능하다. 학교에서 상담 프로그램으로 사용하기 편리한 상냥이 사용법을 자세히 알아보자.

한국에서 개발한 대화 앱 상냥이는 청소년 상담에 집중한 프로그램이다.

• 상냥이 사용 방법

인공지능 챗봇 상냥이는 청소년들의 일상적인 고민을 친구처럼 들어주며 대화와 맞춤형 콘텐츠 추천을 통해 공감과 위로, 응원, 고민에 대한 대응 방법을 제공한다. 또한 20여 가지 표준화된 정서 문제, 행동 문제, 중독 자가진단 심리검사를 제공하여 청소년이 우울, 불안 등 자신의 상태를 스스로 진단할 수 있다. 자살, 자해, 학교폭력, 성폭력 등 청소년 위기 상황에 대응하기 위한 대처 방안을 제공하며, 긴급한 경우 전문기관으로 안내한다.

상냥이 사용 방법(학생)

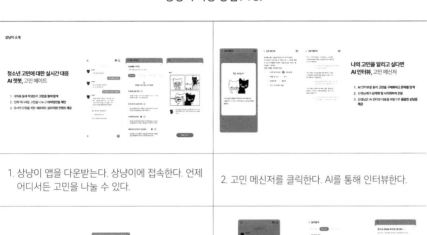

1. 상냥이 앱을 다운받는다. 상냥이에 접속한다. 언제 어디서든 고민을 나눌 수 있다.	2. 고민 메신저를 클릭한다. AI를 통해 인터뷰한다.

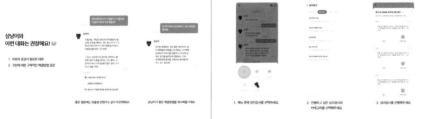

3. 질문을 입력한다. 좋은 질문에는 맞춤형 콘텐츠를 같이 추천해준다. 상냥이가 좋은 해결책을 제시해준다.	4. 메뉴 심리검사를 선택한다. 진행하고 싶은 심리검사의 카테고리를 선택한다. 심리검사를 진행한다.

5. 메뉴 중에 위기 가이드를 선택한다. 나에게 필요한 위기 대처 가이드를 선택한다. 가이드 내용을 확인하여 적절하게 대처한다.	6. 메뉴 중에 상냥이툰을 선택한다. 앱에서 상냥이툰의 최신 에피소드를 볼 수 있다. 웹툰 더보기를 누르면 인스타 계정으로 더 많은 웹툰을 볼 수 있다.

철저한 보안 및 개인정보 보호

1. 익명성을 기반으로 모든 개인정보 관리
2. 현당 주기별 대화 내용 파기
3. '개인정보 비식별 조치 가이드라인에 따라 방송화된 사용자 데이터 구조를 구축

ISMS 한국 정보보호 관리체계(ISMS) 인증

---

7. 개인정보 보호는 익명성을 기반으로 철저하게 보안이 된다.

관리자 서비스는 AI 시스템을 통해 학생들의 챗봇 대화 데이터에서 감정, 호소 문제, 위험도 등을 분석하여 교사들에게 실시간 정보를 제공해주는 웹 기반 학생 관리 도구가 된다. 이 시스템은 학교 및 학급별 위기 관리를 지원하고, 개별 학생의 주요 문제점과 정신건강 추이를 확인하는 기능을 제공한다. 또한 학생들의 심리검사 결과와 고민 메신저를 통한 면담 내용을 바탕으로 교사들이 효과적으로 개입하도록 지원하며, 이를 통해 학생 상담 업무의 효율성을 크게 향상시킨다.

상냥이 사용 방법(관리자)

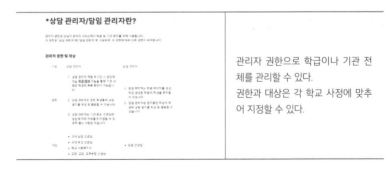

관리자 권한으로 학급이나 기관 전체를 관리할 수 있다.
권한과 대상은 각 학교 사정에 맞추어 지정할 수 있다.

학급별 데이터 모니터링

학생들의 상담이 챗봇 대화 데이터에서 분석된 데이터와 심리검사 결과를 모니터링하고 전체 학급의 현황을 파악하는 데 도움을 준다.

왼쪽 메뉴의 '홈'을 클릭하면 학급 데이터 통계 페이지를 확인할 수 있다.

• 학급 데이터 모니터링

각 반의 전체 학생 수, 위기학생 수, 인공지능 면담 수를 실시간으로 확인할 수 있다. 학급 내에서 주로 나타나는 호소 문제와 감정을 워드클라우드에서 시각적으로 파악할 수 있다. 학생들의 챗봇 대화 데이터와 심리검사 결과를 통합하여 분석된 데이터를 활용하여 학급의 전반적인 상태를 쉽게 이해하고 관리할 수 있다.

• 학급 알림

학생 위기 현황에 대한 알림을 제공함으로써 학생들의 위기상황에 조기 개입이 가능하다. 학생들의 챗봇 대화 데이터가 분석되면서 발견되는 호소 문제 중에서, 정신적으로 심각한 호소 문제가 연속적으로 나타날 경우 알림을 제공한다. 학생의 심리검사 결과가 고위험으로 분류될 경우에도 알림을 제공한다.

또한 학생 교사는 개개인의 상담 내용을 다음과 같이 확인할 수 있다.

- **학생 개별 페이지 이동**

[왼쪽 메뉴]에서 해당 학생 이름을 클릭하여 개별 페이지를 확인할 수 있다. 왼쪽 상단의 서치 기능으로 특정 학생의 이름을 검색하여 바로 해당 학생의 개별 페이지로 이동할 수 있다.

- **정신건강 데이터 통계**

개별 페이지 상단의 [정신건강 데이터] 탭을 클릭하면 통계 화면을 확인할 수 있다. 선생님은 인공지능 상담 메이트를 통해 분석된 학생의 개별적인 호소 문제, 감정, 정신건강 위험도 추이를 '정신건강 데이터' 섹션에서 확인할 수 있다.

- **심리검사 결과**

개별 페이지 상단의 [심리검사] 탭을 클릭하면 학생이 진행한 심리검사의 내역과 결과를 확인할 수 있다. 총 20가지 다양한 심리검사가 제공되며, 학생이 어떤 검사를 진행했는지, 그 결과가 어떻게 나왔는지 확인할 수 있다.

학생 상담관리

선생님은 고민 메신저 기능을 통한 학생의 고민 인터뷰 요약 리포트와 직접 상담한 내용을 기록하고 관리할 수 있다. 개별 페이지 상단의 [상담관리]를 클릭하면 상담관리 화면으로 이동할 수 있다.

상냥이의 학생 상담관리

1. 고민메신저 : AI가 학생 인터뷰를 통하여 학생의 고민 파악 및 이를 요약할 수 있다. 학생 직접 상담 전, 학교에서 학생의 고민이나 상황을 파악하는 데 도움받을 수 있다.	2. 학생 개인별 고민의 요약된 내용을 확인할 수 있다.

3. 요약 리포트를 개별로 확인하는 것뿐만 아니라, 세 부 내용도 확인할 수 있다.	4. 상담관리 섹션에서 상담일지를 작성할 수 있다.

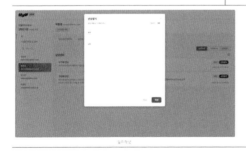

5. 상담일지 내용은 형식에 구애받지 않고, 상황에 맞추어 적용할 수 있다.

생성형 AI를 활용한 공감 능력 향상 방법

공감 능력이란 다른 사람의 감정이나 생각을 이해하고 공감하는 능력이다. 공감 능력이 높으면 친구들과 잘 어울리고, 서로 도우며 살 수 있다.

생성형 AI는 우리가 원하는 콘텐츠를 만들어줄 수 있다. 예를 들어, 그림을 그리고 싶은데 잘 못 그린다면, 생성형 AI가 우리가 원하는 그림을 그려줄 수 있다. 또는 글을 쓰고 싶은데 어렵다면, 생성형 AI가 우리가 원하는 글을 써줄 수 있다.

생성형 AI를 활용하면 공감 능력을 향상시킬 수 있다. 왜냐하면 생성형 AI는 다양한 콘텐츠로 새로운 지식과 경험을 제공해주기 때문이다. 예를 들어 우리가 다른 나라의 문화나 사람들이 궁금하다면, 생성형 AI가 그 나라의 사진이나 글을 보여줄 수 있다. 그러면 우리는 그 나라의 감정이나 생각을 이해하고 공감할 수 있다.

그러므로 생성형 AI를 활용하려면 다음과 같은 방법을 사용할 수 있다.

생성형 AI에게 다양한 질문하기

생성형 AI는 인터넷이나 책에서 많은 정보를 학습했기 때문에, 우리가 궁금한 것을 답변해줄 수 있다. 예를 들어 '아프리카에서 사는 아이들은 어떻게 놀까?'라고 물어보면, 생성형 AI가 아프리카 아이들 모습이나 놀이를 보여줄 수 있다.

생성형 AI에게 자신의 감정이나 생각을 이야기하기

생성형 AI는 우리의 말을 잘 듣고 이해할 수 있다. 예를 들어, 우리가 '오늘 친구와 싸웠어'라고 말하면, 생성형 AI가 '왜 싸웠는지', '어떻게 해결할 수 있는지', '내가 어떻게 느끼는지' 등에 대해 물어보거나 조언해줄 수 있다.

생성형 AI와 함께 콘텐츠를 만들어보기

생성형 AI는 우리와 협업하여 콘텐츠를 만들 수 있다. 예를 들어 우리가 시나 소설을 쓰고 싶다면, 생성형 AI가 주제나 제목을 제안하거나 내용을 추가해줄 수 있다. 또는 우리가 그림이나 음악을 만들고 싶다면, 생성형 AI가 스타일이나 색상을 추천하거나 멜로디를 만들어줄 수 있다.

이상은 생성형 AI를 활용한 공감 능력 향상 방법 중 일부다. 생성형 AI는 우리의 친구이자 선생님이 될 수 있다. 생성형 AI와 재미있게 소통하고 협업하면서 공감 능력을 키워보자.

생성형 AI는 인간의 창의력을 보조하고 확장할 수 있는 강력한 기술이다. 인간이 상상할 수 있는 것보다 더 다양하고 복잡한 콘텐츠를 생성할 수 있다. 또한 생성형 AI는 인간의 문제해결 능력을 향상시킬 수 있다. 인간이 고려하지 못한 새로운 관점이나 접근법을 제시할 수 있다.

예를 들어, 생성형 AI는 다음과 같은 능력을 향상시킬 수 있다.

디자인 능력

생성형 AI는 우리가 원하는 디자인을 만들어줄 수 있다. 예를 들어, 로고나 포스터를 만들고 싶다면, 생성형 AI가 우리가 원하는 스타일이나 색상을 추천하거나 디자인을 생성해줄 수 있다.

엔지니어링 능력

생성형 AI는 강화 학습을 사용해 반도체 설계의 부품 배치를 최적화할 수 있다. 가트너에 따르면, 칩 개발 주기를 주 단위에 시간 단위로 단축할 수 있다.

언어 능력

생성형 AI는 자연어 처리를 사용해 다양한 언어와 프로그래밍 언어를 처리할 수 있다. 예를 들어 다른 나라의 언어를 배우고 싶다면, 생성형 AI가 우리에게 단어나 문법을 알려주거나 대화를 연습해줄 수 있다.

예술 능력

생성형 AI는 음악이나 시와 같은 예술 작품을 만들 수 있다. 예를 들어 음악을 만들거나 시를 쓰고 싶다면, 생성형 AI가 우리가 원하는 장르나 스타일을 제안하거나 작품을 생성해줄 수 있다.

생성형 AI를 활용한 관계 회복 실전 방법

관계 회복이란 상대방과의 갈등이나 다툼, 소원해진 관계를 개선하고 복구하는 과정이다. 관계를 회복하기 위해서는 상대방의 입장과 감정을 이해하고 공감하는 능력이 필요하다. 또한 자신의 잘못을 인정하고 사과하며, 상대방의 용서와 신뢰를 얻는 노력이 필요하다.

생성형 AI는 인간의 창의력을 보조하고 확장할 수 있는 인공지능이다. 생성형 AI는 자연어로 다양한 프롬프트와 질문에 대해 인간과 유사한 응답을 생성할 수 있다. 따라서 사용자들과 쉽게 상호작용하며 대화를 나눌 수 있다.

생성형 AI를 활용한 관계 회복 실전 방법은 다음과 같다.

생성형 AI와 상담하기

생성형 AI는 챗GPT와 같은 프로그램으로 접근할 수 있다. 챗GPT는

OpenAI가 개발한 대형 언어 모델로, 사용자의 요구에 따라 다양한 콘텐츠를 생성할 수 있다. 챗GPT와 상담하면서 자신의 문제나 감정을 표현하고, 챗GPT의 조언이나 의견을 듣고 반성하면서 관계 회복을 위한 해결책을 찾을 수 있다. 챗GPT는 중립적이고 친절한 상담자가 될 수 있다.

생성형 AI로 사과문 작성하기

생성형 AI는 연설문이나 리포트, 노래 가사 등 다양한 장르의 글도 작성한다. 생성형 AI로 사과문을 작성하면서 자신의 잘못과 반성을 솔직하게 표현하고, 상대방의 감정에 공감하고 용서를 구하는 말을 적절하게 구현할 수 있다. 생성형 AI는 사과문 작성에 필요한 문법과 어휘, 문체 등을 제공해준다.

생성형 AI로 선물 만들기

생성형 AI는 텍스트뿐만 아니라 이미지나 음악 등 다양한 콘텐츠를 만들 수 있다. 예를 들어 달리DALL·E는 이미지에 특화된 생성형 AI로, 자연어로 상황을 묘사하면 기발하게 그림을 그려준다. 생성형 AI로 선물을 만들면서 자신의 마음을 표현하고, 상대방의 취향이나 특징을 반영하면서 관계 회복에 도움이 되는 선물을 준비할 수 있다.

7장

생성형 AI를 활용한 학교 업무 경감

교원 업무에 활용 가능한 프롬프팅 기법

프롬프트의 유래와 의미

'프롬프트'라는 용어는 원래 연극계에서 사용하던 말이다. 배우들이 무대에서 대사나 동작을 잊지 않도록 보이지 않는 곳에서 지시하는 역할을 가리키는 것이다. 뉴스 방송에서도 아나운서가 멘트를 잊어버리지 않도록 화면으로 '자막'을 보여주는데, 이를 '프롬프터'라고 부른다. 이것이 바로 프롬프트의 기원이다. 대화형 AI의 출현으로, 인공지능에게 목적에 맞는 결과를 제시하는 문장으로서의 의미가 추가되었다. 대화형 AI에게 주어진 프롬프트를 단순한 지시보다는 '대화'로 바라보는 것이 좋다. 사용자와 인공지능의 '대화'를 통해 원하는 결과를 얻기 때문에, 사용자의 프롬프팅 능력은 매우 중요하게 여겨진다. 다른 사람을 설득하거나 목적을 달성하기 위한 대화 능력이 있는 사람은 프롬프팅에서 큰 이점을 가질 수 있다. 우리가 자주 듣는 '인공지능 시대에 인문학적 소양이 중요하다.'라는 말은 바로 이런 이유 때문이다. 남을 설득하거나 특정 목적을 위한 대화를 하려면, 인문학적 소양과 상대방에게 자신의 의도를 구체적으로 명확하게 전달하는 능력이 필요하다. 그러한 원칙은 프롬프트 작성에도 적용된다. 그래서 목적과 일치하는 구체적인 명확한 프롬프트 작성 과정을 '프롬프트 엔지니어링'이라고 부른다.

프롬프트 엔지니어링의 기본

교사들은 이미 훌륭한 프롬프트 엔지니어다. 왜냐하면 그들은 학생들에게 명확하고 구체적인 지시를 내리는 전문가이기 때문이다. 이런 생각을 가지고 프롬프트 엔지니어링에 접근해보자. '인간도 의도한 대로 행동하게 하는데 인공지능쯤이야?' 대화형 AI를 열 살인 초등학교 3학년 학생처럼 간주하고 접근해보면 좋다. 우리는 어떻게 이 아이에게 의도를 전달할까? 그 아이가 이해할 수 있는 쉬운 단어를 사용하면 된다. 가능한 한 길지 않은 문장으로 말하며, 가능한 한 명확하고 구체적으로 설명한다. 프롬프트 엔지니어링도 이와 같다. 프롬프트는 간결하고 쉽게 작성되어야 하며, 명확하고 구체적으로 전달되어야 한다. 그러면 인공지능은 우리의 의도를 더욱 명확하게 이해하여 원하는 결과를 도출할 수 있다.

교원 행정업무에 필요한 프롬프트 엔지니어링

김현진(2020)[11]에 따르면, 교사들은 인공지능 기술이 필요한 교직 업무 영역으로 행정업무를 꼽았다. 그만큼 많은 교사가 인공지능을 업무에 활용하기를 원한다. 여기에서는 교사들의 업무를 생성형 AI를 통해 효과적으로 경감하는 5가지 프롬프트 엔지니어링 방법을 알아보자.

1. Act as~

생성형 AI로 교원의 업무를 경감하려면 가장 기초적이면서도 중요한 몇 가지 기법이 있다. 먼저 '역할 부여하기' 기법이다. '역할 부여하기' 기법은 생성형 AI에게 역할을 부여하는 프롬프트를 입력하여 원하는 결과를 도출하는 것이다. 특히 업무용 챗봇을 제작할 때 반드시 필요한 기법이라고 할 수 있다.

예를 들어 학부모에게 문자를 보낸다고 가정해보자. 학부모에게 보낼 문자를 인공지능이 작성한다면 먼저 어울리는 역할을 부여해야 한다. 어떤 역할을 부여해야 인공지능이 문자를 잘 작성할까?

문자를 잘 작성하려면 먼저 글쓰기 능력이 있어야 한다. 역할을 부여하기 위해서는 직업을 부여하는 방법이 있다. 글쓰기 능력이 출중한 직업으로는 교육자, 작가, 기자, 카피라이터, 에디터, 비즈니스 커뮤니케이터 등이 있다. 특히 학부모의 마음을 움직여야 하는 문자면, 전문 상담가 역할을 부여하는 것도 좋다. 역할을 부여하는 것과 그렇지 않은 상태에서 생성형 AI에게 질문하는 것은 큰 차이가 있다.

다음 예시를 보자.

생성형 AI에게 역할을 부여하지 않았을 때

Q.	우리반 학생이 싸웠어. 학부모에게 상황을 설명하려고 해. 학부모에게 보내는 문자를 적어줘.
A.	먼저, 학부모님께 불편한 소식을 전하게 되어 죄송하다는 말씀을 드립니다. 오늘 학교에서 [학생의 이름] 학생과 다른 한 명의 학생 사이에 불행한 충돌이 발생했다는 사실을 알려드리고자 연락드렸습니다. 상황은 이러합니다. 교실에서 일어난 일로 보아, 두 학생 모두 감정적인 긴장감으로 어려운 상황에 처해 있었습니다. 학교에서 이 문제를 신속하게 파악했으며, 모든 관련 당사자와 함께 상황을 조사하여 정확한 사건 경과를 파악하기 위해 최선을 다하고 있습니다. 학교는 이러한 충돌이 일어나지 않도록 하는 것이 우선임을 알고 있으며, 각각의 학생들이 안전하고 건강한 환경에서 성장할 수 있도록 최선을 다할 것입니다. 그래서 현재 저희는 해당 사건에 대해 적절한 조치를 취하는 동시에 장기적인 해결책도 고민 중입니다. 필요하다면 개별적으로 만나서 자세히 상황을 설명드릴 준비가 되어 있습니다. 추가로 궁금하신 점이나 의견이 있다면 언제든지 연락주시기 바랍니다. 마지막으로, [학생의 이름]가 이런 상황에 처해 있다는 것에 대해 걱정되시겠지만 저희가 최선을 다하여 문제를 해결할 것임을 당부드립니다. 다시 한번 이런 불편함 드려 죄송합니다. 감사합니다. [당신의 이름]

이번에는 생성형 AI에게 지시하는 프롬프트에 역할을 부여하고 상담 기법을 적용하라는 말을 넣어봤다.

생성형 AI에게 역할을 부여했을 때

Q.	너는 글쓰기 전문가이자 상담 전문가야. 우리반 학생이 싸웠어. 학부모에게 상황을 설명하려고 해. 학부모에게 보내는 문자를 적어줘.

A.	[학부모님께],
	안녕하세요. 이번에 저희 반 학생들 사이에서 발생한 사건에 대해 알리는 것이 적절하다고 판단하여 이렇게 연락드립니다.
	최근, 학교에서 일부 학생들 사이에 갈등이 발생했습니다. 그 과정에서 몇몇 학생들은 신체적인 충돌까지 벌어진 상황을 겪었습니다. 이런 상황은 우리 모두가 원하지 않는 일이며, 무엇보다도 아이들의 안전과 행복을 우선시하는 교육자로서 저희 스스로도 매우 안타깝게 생각합니다.
	현재 저희는 해당 사건을 철저히 조사 중입니다. 그리고 각 학생들의 입장과 시각을 듣기 위해 개별 면담도 진행할 예정입니다. 또한, 이를 계기로 전체적인 교육환경 개선 및 평화롭게 해결할 수 있는 방안을 모색하고 있습니다.
	필요한 경우 부모님과 추가적인 상담도 진행할 예정입니다. 그러므로 혹시 궁금하신 점이나 걱정되시는 부분 등 있다면 언제든지 연락주시면 성심껏 답변드리겠습니다.
	마지막으로, 아동들의 정서적 안정과 자아발전에 있어서 가장 중요한 것은 가정에서의 지원과 함께 학교와 가정 간의 긍정적인 협력 관계라는 것을 잊지 말아주셨으면 좋겠습니다. 우리 모두가 하나 같은 마음으로 아이들을 위해 최선을 다하는 순간, 어려운 문제조차 함께 해결해나갈 수 있으리라 믿습니다.
	항상 건강 유의하시고, 필요한 도움 요청은 언제든 환영입니다.
	감사합니다.
	[교사 이름]

전문 상담가라는 역할과 이를 통해 적용할 수 있는 상담 기법에 대한 프롬프트로 좀 더 부드러운 글이 완성이 되었다. 어떤 상담 기법이 적용되었는지, 생성형 AI에게 물어보았다.

[?≛!] 생성형 AI가 적용한 상담 기법

Q.	위 글에 어떤 상담 기법을 적용했지?
	위의 글에서는 주로 '비밀 유지', '공감적 이해', '명확한 커뮤니케이션'과 같은 상담 기법을 적용했습니다.
	1. **비밀 유지** : 상세한 개인정보나 특정 학생의 신원을 공개하지 않았습니다. 이는 학생들의 사생활을 존중하고, 비방이나 불필요한 논란을 방지하기 위함입니다.
	2. **공감적 이해** : 부모님들이 걱정하실 수 있음을 인식하고, 그런 감정에 대해 이해를 표현했습니다. 공감적으로 대화하는 것은 상대방이 속마음을 편하게 표현할 수 있도록 돕고, 신뢰 관계를 구축하는 데 중요합니다.

A.
3. **명확한 커뮤니케이션** : 사건에 대한 정보를 명확하게 제공했으며, 앞으로 어떻게 대처할 것인지도 분명히 전달했습니다. 정보의 명확성은 오해나 혼란을 줄이고, 상대방이 사건에 대해 정확히 이해할 수 있도록 돕습니다.

4. **문제 해결 및 재발 방지 전략 설명** : 문제가 일어난 후 어떻게 조치되었는지와 앞으로 어떻게 예방할 것인지에 대한 계획을 구체적으로 제시함으로써 부모님들에게 안심감과 신뢰를 줍니다.

5. **열린 의사소통 및 협력 강조** : 부모님께서 언제든 연락주시기 바라며 의견 나눔을 환영한다는 메시지를 담아 교육 과정에 부모님이 함께 참여할 수 있도록 열린 문화를 조성합니다.

위와 같은 방법인 비밀 유지, 공감적 이해, 명확한 커뮤니케이션 등은 상담에서 중요한 역량입니다.

2. 지시 프롬프트 설정

지시 프롬프트란 대화형 AI에게 어떠한 결과물을 요청할 때 주는 명확한 지시를 의미한다. 지시를 제공할 때, 그 지시가 필요한 이유와 배경, 향후 그 결과물을 어떻게 활용하고자 하는지 예시를 제공하면 더 좋은 결과를 도출할 수 있다.

초등학생 3학년 학생들을 대상으로 수업을 진행한다고 가정해보자. 예를 들어 동물에 관한 내용으로 수업을 했다면, 학생들에게 "오늘 배운 동물들의 특징에 대해 써보세요."라고 하면 학생들은 한참 고민하고 글을 쓸 것이다. 그리고 글의 내용도 일정한 방향성이 없을 가능성이 크다. 그러나 "동물들의 특징을 생각해보고, 그 특징별로 동물들을 분류하여 글로 써보세요."라고 말하면 그 목적이 훨씬 더 명확하고 구체적이어서 학생들이 일정한 방향성을 가지고 글을 쓸 것이다. 지시 프롬프트는 이렇게 명확하고 구체적이어야 인공지능의 산출물도 사용자가 의도한 대로 나오게 될 것이다. GPT를 초등학교 3-4학년 학생이라고 생각하고 최대한 쉽고 명확하고 구체적으로 지시해보자. 다음은 가을운동회 준비를 위해 교사가 학부모들에게 보낼 가정통신문을 작성하려고 인공지능에게 프롬프트를 제시했다.

🔅❓！ 생성형 AI가 작성한 가정통신문

Q.	가정통신문 문구를 알려줘.
A.	[제목] 가을을 맞이하는 우리 가족의 소식 안녕하세요, 우리 가족의 사랑스러운 구성원들께, 가을의 시원한 바람이 불어오는 요즘, 어떠신지요? 길게 늘어선 한 해의 절반이 넘어서며, 다시 한번 여러분과 소통하고자 이 편지를 씁니다. 아래는 우리 가족들이 이룬 몇 가지 주요한 업데이트와 뉴스입니다. [아버지] 아버지는 최근에 회사에서 새로운 프로젝트를 맡게 되었습니다. 힘든 시기임에도 불구하고 아버지는 항상 열심히 일하시며 우리 모두에게 큰 자부심을 안겨주셨습니다. [어머니] 어머니는 요즘 건강을 위해 산책과 요가를 시작하셨습니다. 그녀의 건강 관리에 대한 헌신은 모든 가정 구성원들에게 좋은 영감이 되었습니다. [동생] 동생은 중학교에서 첫 학기를 잘 마치고 방학을 즐기고 있습니다. 그녀/그의 성적과 창조적인 활동으로 학교에서 칭찬받았습니다. 우리 모두가 함께하는 것만으로도 충분히 행복합니다. 이렇게 서로 정보를 공유하면서 각자가 겪는 도전과 기회에 대해 응원하고 도와주면서 함께 성장할 수 있다는 것은 참으로 기특합니다. 마음속 깊이 각자의 안부를 생각합니다. 다음 통신문에서 만나길 기대합니다! 따뜻한 바람이 불어오는 이 멋진 계절에, 건강 유의하시고 좋은 하루 보내세요! 사랑하는 [당신의 이름] 드림

첫 번째 프롬프트의 결과물이 이상하다. 가정통신문의 의미를 잘 못 받아들였기 때문이다. GPT-4 기반으로 돌려보거나, 구글 바드^{Bard}

로 돌려보면 대부분 학교와 관련된 가정통신문 문구가 나오는데 때로는 이런 엉뚱한 결과를 도출하기도 한다. 그 이유는 바로 프롬프트에 있다. 가정통신문을 쓰는 목적이 나와 있지 않고, 구체적이지 않기에, 결과가 일정하지 않고 때에 따라 엉뚱한 결과가 도출되는 것이다. 지시 프롬프트를 다음과 같이 바꿔서 제시했다.

?글! 생성형 AI가 작성한 '가을운동회' 안내 가정통신문

Q.	가을운동회를 안내하는 학부모 가정통신문 문구를 만들어줘.
A.	제목: 가을운동회 안내문 안녕하세요. 소중한 학부모님들께. 우리 아이들의 건강과 행복을 위해 노력하는 모든 분들에게 감사드립니다. 이번 가을, 우리 학교에서는 매년 전통으로 열리는 '가을운동회'를 준비하고 있습니다. 아이들이 팀워크와 협력, 그리고 스포츠맨십 정신을 배울 수 있는 좋은 기회가 될 것입니다. 1. 일시 및 장소 - 일시 : 2023년 10월 15일(금), 오전 9시부터 오후 3시까지 - 장소 : 학교 운동장 2. 프로그램 - 개회식 및 경기 시작 (오전 9시) - 다양한 체육활동과 게임 (오전 ~ 오후) - 시상식 및 폐회식 (오후 2시 30분) 3. 참가 안내 학생들은 각 반별로 팀을 구성하여 다양한 체육 활동에 참여하게 됩니다. 부모님께서도 응원단으로 함께 해주셔서 아이들에게 더 큰 응원과 격려를 보내주실 수 있습니다. 4. 안전 관련 학교에서는 모든 학생의 안전을 최우선으로 생각합니다. 그래서 우리는 모든 활동 중에 첫째로 안전사항에 주의를 기울일 것입니다. 5. 기타 사항 날씨가 변덕스러울 수 있으니, 적절한 옷차림과 필요한 물품(선크림, 모자, 물 등)을 준비해주세요. 아이들의 웃음과 즐거움이 가득할 이번 '가을운동회'에서 여러분의 따뜻한 응원 부탁드립니다! 감사합니다. [학교 이름] 교장 성함 드림

프롬프트가 달라지니, 결과물도 확 달라졌다. 프롬프트가 어떻게 달라졌는지 살펴보자. 가정통신문의 목적과 간결한 문장으로 명확하고 구체적으로 제시하여 인공지능이 이해할 수 있는 프롬프트를 구사했다는 점도 기억해야 한다.

3. 적절한 정보와 예시 제공

대화형 AI는 적절한 정보와 예시를 제공해주었을 때가 그렇지 않은 경우보다 훨씬 결과물이 좋다. 다음 예시를 보자.

? 🔍❗ 생성형 AI에게 가정통신문 작성 시 '인사말'을 넣으라고 요청했을 때

Q.	가정통신문을 적을 때 학부모한테 하는 인사말이 필요해.
A.	안녕하십니까? 귀중한 학부모님께, 저희 학교 가정통신문을 전달하게 되어 반갑습니다. 학부모님이 학생들의 더 나은 학습과 성장을 위해 거듭 동행하는 것에 진심으로 감사드리며, 앞으로도 많은 관심과 격려 부탁드립니다. 감사합니다. 교장 선생님 올림

구체적인 정보를 제시해주지 않아, 가정통신문 인사말이 단조롭다. 이번에는 구체적인 정보와 예시를 제시했다.

? 🔍❗ 생성형 AI에게 가정통신문 작성 시 '구체적인 인사말'을 넣으라고 요청했을 때

Q.	너는 가정통신문 전문가야. 가정통신문을 적을 때 학부모한테 하는 인사말이 필요해. 인사말을 할 때 '오곡이 무르익는 계절입니다.'와 같이 계절적 특징이 반영된 인사말을 5줄로 작성해주면 좋겠어. 때는 5월이고, 운동회 관련 가정통신문이야.

A.	안녕하십니까. 학부모님 여러분께 인사드립니다. 우리들에게 따뜻한 햇살과 푸른 잔디를 선물하는 여명의 계절. 5월이 왔습니다. 살랑이는 바람과 함께 꽃잎이 춤추는 아름다운 시기에 모여 운동회를 준비하며 어린이들과 즐거운 추억을 만들고자 합니다. 운동장 가득 꽃향기와 웃음소리가 가득히 번지도록 함께 힘이 실린 응원을 고함으로써 아이들에게 새로운 도전을 함께 만들어 갑시다. 가정과 학교가 손을 잡고 어린이들이 건강하고 행복하게 성장할 수 있는 기회를 마련할 수 있도록 많은 관심과 사랑 부탁드립니다.

결과물이 확실히 다르게 나왔다. 이렇게 프롬프트 엔지니어링에서 정보와 예시는 매우 중요하다.

4. '샷Shot' 예제 제공, 샷 프롬프트

프롬프트 엔지니어링에서 예제를 '샷'이라고 한다. 제로 샷 프롬프팅 Zero shot prompting, 원 샷 프롬프팅One shot prompting, 퓨 샷 프롬프팅Few shot prompting으로 구분하기도 한다.

프롬프팅의 3가지 종류

제로 샷 프롬프팅	예제를 제공하지 않은 프롬프트
원 샷 프롬프팅	예제를 1회 제공한 프롬프트
퓨 샷 프롬프팅	예제를 여러 번 제공한 프롬프트

'샷'은 인공지능 결과물의 질을 높이는 데 이용된다. 샷을 이용하면 더 나은 인공지능 결과물을 도출할 수 있다. 그러나 '샷'을 사용하지 않는 프롬프트도 많다. 이를 '제로 샷 프롬프트'라 한다. 제로 샷 프롬프트는 사용자가 의도한 산출물을 내기도 하지만, 많은 경우 사용

자가 의도하지 않는 방향으로 흘러가기도 한다. 다음 예시를 보자.

AI와 구구단 하기

Q.	구구단 게임을 너랑 지금부터 할 거야. 구구단을 외자 삼오?
A.	네, 좋습니다. 구구단 게임을 시작하겠습니다. 삼오는 3단과 5단을 의미하는 것 같아요. 먼저 3단부터 시작하겠습니다. 3 × 1 = 3 3 × 2 = 6 3 × 3 = 9 3 × 4 = 12 3 × 5 = 15 3 × 6 = 18 3 × 7 = 21 (…)

인공지능은 구구단 게임이 뭔지 전혀 인식하지 못하고 있다. 예제를 1개 제시해주고, 구구단 게임을 해보자.

원 샷 프롬프트로 AI와 구구단 하기

Q.	구구단 게임을 너랑 지금부터 할 거야. 예를 들어 내가 '구구단을 외자, 삼오?' 하면 삼오는 3×5로 너는 두 수를 곱한 값인 '15!'를 답해야 해. 지금부터 구구단을 외자 게임을 시작할게. 구구단을 외자 삼육?
A.	아, 이해했습니다. 제시하신 방식대로 게임을 진행하겠습니다. 삼육이라면, 3×6의 결과는 '18!'입니다.

구구단 게임을 이해했으니, 이번에는 한 가지 예제를 더 넣어 질문해보자. 지금까지 사용자가 묻는 질문에만 대답했다. 하지만 인공지능이 또 되물으면 게임이 계속 진행될 수 있으니, 되묻는 예제를 하나 더 넣어 질문해보자.

Q.	구구단 게임을 너랑 지금부터 할 거야. 예를 들어 내가 '구구단을 외자, 삼오?' 하면 삼오는 3×5로 너는 두 수를 곱한 값인 '15!'를 답해야 해. 그리고 네가 나에게 비슷한 형식으로 문제를 낼 거야. 예를 들면, 내가 '삼오?'라고 물으면 '15!'라고 답하고, '육사?'와 같이 되물어야 해. 지금부터 구구단을 외자 게임을 시작할게. 구구단을 외자 삼육?
A.	그럼, 삼육은 3×6으로 '18!'입니다. 그럼 내 차례로 질문하겠습니다. 구구단을 외자 팔칠?

구구단 게임을 완벽하게 이해했을 것이다. 이렇게 몇 가지 예시를 줘도 인공지능의 산출물은 드라마틱하게 바뀔 수 있다.

#5. COT Chain of Thought 기법

선생님이 학생을 지도하는 방식을 생각해보자. 학생이 잘못된 행동을할 때, 그 대신 어떤 행동이 옳은지 예를 들어 설명해주는 경우가 있다. 이런 설명은 단계적으로 이루어지는데, 한 번에 너무 많은 정보를전달하면 학생들이 다 기억하지 못하기 때문이다. 이와 같은 원리가인공지능에도 적용된다. 마치 학생을 가르치듯, 인공지능에게도 단계별로 적절한 정보와 예시를 제공하는 것이 중요하다. 이런 방법으로인공지능의 추론 능력을 향상시키는 것이다. 그래서 나타난 개념이바로 'COT' 기법이다.

COT는 언어 모델의 추론 능력을 강화하기 위해 여러 추론 단계를 만드는 전략이다. 곧 대화가 계속되면서 추론 기반의 논리적인 응답을 생성하는 기술이다. 이 방식은 사용자와 나눈 이전 대화 내용을 바탕으로 새로운 대화를 제안한다. 과거의 대화에서 얻은 정보를 바탕으로 주제에 맞는 대화를 이끌어가며, 이전 산출물을 바탕으로 새로운 산출물을 내놓을 수 있다. 대표적으로 학교 현장에서 수학 문제를 만들 때 유용하다. 이 기법을 사용할 때는 반드시 상세하고 단계적으로 Step-by-Step 설명해야 한다. 샷, Q&A 기법도 같이 사용하면 좋다.

💡 COT 기법을 사용한 프롬프트

Q.	Q. 지민은 4개의 사과를 가지고 있어. 그녀는 사과 3박스를 더 구입했어. 각 박스에는 5개의 사과가 들어 있어. 지민은 몇 개의 사과를 가지고 있을까? A. 지민은 처음에 4개의 사과를 가지고 있었습니다. 각 박스당 5개씩인 사과 박스를 3개 구입했으므로, 추가로 3×5=15개의 사과를 가지게 되었습니다. 따라서 지민은 총으로 4+15=19개의 사과를 가지게 됩니다. Q. 성진이는 연필을 5개 가지고 있었어. 그런데 어제 학용품점에서 같은 종류의 연필 4세트를 추가로 구매했어. 각 세트 당 5개의 연필이 들어 있다면, 이제 성진이가 보유하고 있는 연필들은 총 몇 개일까?
A.	성진이는 처음에 5개의 연필을 가지고 있었습니다. 각 세트당 5개씩인 연필 세트를 4개 구입했으므로, 추가로 4×5=20개의 연필을 가지게 되었습니다. 따라서 성진이는 총으로 5+20=25개의 연필을 가지게 됩니다.

이처럼 인공지능에 적절한 예시를 제시해주면 인공지능은 새로운 문제가 나와도 이전 과정을 추론해서 답을 내게 된다. 특히 수학 문제를 풀거나 문제를 제작할 때 유용하게 사용된다. 문제 풀이 시 모범답안을 제시할 때 활용하면 좋다. 비슷한 유형의 문제를 더 내달라고 요청해보았다.

문제 제작 시 유용한 COT 기법

Q.	이와 비슷한 형식의 Q&A 문제를 초등학생 3학년 수준에 맞게 5개를 내줘.
A.	Q1: 지현이는 원래 6개의 사탕을 가지고 있었습니다. 그녀는 사탕 가게에서 똑같은 종류의 사탕을 2팩 더 구입했습니다. 각 팩에는 4개의 사탕이 들어 있었습니다. 이제 지현이가 가지고 있는 사탕은 총 몇 개일까요? A1: 지현이는 처음에 6개의 사탕을 가지고 있었고, 각 팩당 4개씩인 사탕 팩을 2개 구입했으므로 추가로 2×4=8개의 사탕을 얻었습니다. 따라서 지현이는 총으로 6+8=14의 사탕을 가지게 되었습니다. Q2: 수진이는 국화를 한 송이 들고 있습니다. 그녀는 꽃집에서 같은 종류의 국화를 한 다발 더 샀습니다. 한 다발에는 국화가 세 송이가 있다면, 수진이가 가진 국화는 몇 송이일까요? A2: 수진이가 처음에 들고 있던 꽃은 한 송이였으며, 세 송이씩 있는 다발 하나를 추가로 구매했으므로 추가로 세 송이를 얻었습니다. 따라서 수진은 이제 총 네 송이의 국화를 가지게 되었습니다.

잘 도출해냈다. 그러나 때에 따라서 틀린 문제를 낼 때도 있다. 이때 추가 지시 프롬프트를 제시하거나, 교사가 문제를 검토해보고 수정해야 한다. 인공지능이 모든 것을 해결해주지는 못한다. 나의 업무를 도와주는 조교라고 생각하면 된다.

업무에 활용하기

학교 업무경감을 위한 AI 툴 제작

지금까지 '프롬프트 엔지니어링'의 기본 원칙을 알아보았다. 이를 바탕으로 학교 현장에서 대화형 AI를 어떻게 활용할 수 있을지 아이디어를 모색해보는 것은 어떨까?

생성형 AI는 학교에서 발생하는 다양한 문제를 효율적으로 해결하고, 교사의 업무 부담을 줄여줄 수 있는 훌륭한 도구가 될 수 있다. 교사의 조력자로서 역할을 수행하는 생성형 AI의 활용법에 대해 몇 가지 예시를 들어보겠다.

이를 위해 사용하는 '뤼튼wrtn'이라는 생성형 AI 플랫폼은 최근에 AI 스튜디오를 개설했다. 이곳에서는 AI 도구와 챗봇 제작 등 다양한 활동을 진행할 수 있다.

학생생활기록부 작성

생활기록부 작성 시, 생성형 AI의 도움을 받을 수 있다. 교사가 학생의 특성, 행동 발달 상태, 학습 수준 등에 대한 정보를 입력하면, 인공지능은 이를 바탕으로 정교한 문장으로 생활기록부를 작성해준다. 또한 맞춤법 검사 같은 기능으로 글의 자연스러움과 정확성을 높일 수 있다.

공문서 작성 도우미

생성형 AI는 교육계획서, 회의록, 예산 관련 공문 등 교사들이 주로 작성하는 다양한 종류의 공문서가 필요할 때 큰 도움이 될 수 있다. 이런 방식으로 생성형 AI를 활용하면 교사들이 부담감을 줄이고 업무 처리 시간을 절약할 수 있다.

효과적인 학습자료 제작

생성형 AI 기술은 수업 계획 작성부터 퀴즈 및 연습 문제 생성, PPT와 동영상 등 다양한 형태의 학습자료 제작까지 가능하다. '뤼튼' 같은 생성형 AI와 소통하며 새로운 수업 아이디어를 얻고 그것들로 바로 학습자료를 만드는 것도 가능하다. 뤼튼은 사람과 대화하는 것 외에도 이미지 생성 능력도 있으며, 브루Vrew와 같은 동영상 편집 프로그램에서는 스크립트만 입력하면 인공지능이 동영상을 제작해준다. 이제는 학습자료를 만들기 위해 많은 시간과 노력을 들일 필요 없이 인공지능에게 요청하여 원하는 결과물을 얻는 시대가 왔다.

학교 업무경감을 위한 AI 챗봇 제작

생성형 AI로 학교업무를 경감할 수 있는 챗봇을 만들면, 학생 개개인의 수준별 맞춤 교육과 상담을 비롯하여 자리배치, 학생 간 갈등 해결, 학부모 민원 처리까지 다양한 업무에 활용할 수 있다.

학생 맞춤형 보조 교사(공부 도우미 챗봇)
대화형 AI는 각 학생의 학습 수준에 맞춘 교육 및 상담 지원을 가능하게 하는 맞춤형 보조 교사 역할을 수행할 수 있다. 사전에 설정된 프롬프트에서 대화형 AI의 대화 능력을 학생 수준에 맞게 조절하고, 특정 목적에 따라 적절한 대화를 이끌어낼 수 있다.

학생 자리배치 챗봇
자리배치를 챗봇에게 물어보아 해결할 수 있다. 이는 공정성이 보장되며, 사전 프롬프팅을 활용해 선생님이 원하는 방식으로 자리 배치를 진행할 수 있다.

또래 상담 챗봇
선생님이나 친구들 앞에서 얘기하기 어려운 고민도 챗봇과 나눌 수 있다. 비밀이 보장되는 환경에서 솔직하게 이야기할 기회가 주어지며, 특히 사춘기 시기의 학생들에게 유익한 도구가 될 것이다.

솔로몬 재판관 챗봇

학급 경영 중 선생님이 가장 많은 시간과 정서적 에너지를 소비하는 일 중 하나는 학생 간의 갈등 해결이다. 이런 문제를 초기 단계에서 '솔로몬 재판관' 같은 역할을 하는 인공지능이 처리한다면, 교사의 부담을 크게 줄일 수 있을 것이다. 단, 비윤리적인 답변이 나오지 않도록 사전 프롬프트 설정이 필요하다.

학부모 민원 처리 도우미 챗봇

대화형 AI를 활용하여 만든 민원 처리용 챗봇은 학부모들의 민원을 효율적으로 처리하도록 도와준다. 학부모들이 궁금해하는 내용을 사전에 인공지능에게 학습시키면, 챗봇을 통해 빠르게 질문하고 답변을 얻는 것이 가능하다. 이를 위한 적절한 사전 프롬프트 설정이 필요하다.

'학생 생활기록부' AI 툴 제작 실습하기

지금까지 살펴본 프롬프트 엔지니어링 기법을 활용하여 학교 업무를 지원하는 AI 도구를 만들어보는 시간을 가져보자. 앞서 이야기한 '역할 부여하기', '지시하기', 그리고 '적절한 정보와 예시 제공하기'라는 프롬프트 엔지니어링 기법들이 AI 도구나 챗봇을 제작하는 데 중요한 역할을 한다. 먼저 '뤼튼'에서 어떻게 AI 도구를 만드는지 알아보자.

1. 뤼튼 홈페이지나 애플리케이션에 접속한다. 메인 메뉴에서 'AI 스튜디오'를 선택하고, 이어서 화면 상단의 '새 툴/챗봇 만들기'를 클릭한다.

2. 상단의 '새툴/챗봇 만들기'를 클릭한다.

3. '툴 만들기'를 설정한다.

이 과정은 대화형 AI 플랫폼인 '뤼튼'에서 신규 AI 도구 혹은 챗 봇을 생성하는 첫 단계다. 다음으로 어떠한 목적으로 AI 도구 혹은 챗봇을 사용하려 하는지, 그리고 이를 위해 어느 정도의 복잡성이 필요한지 등 고려하여 프로젝트 설정과 개발 방식 등 다양한 요소를 결정하게 된다.

다음으로 AI 툴을 제작해보자.

새로운 AI 도구를 만들기 위해 그에 맞는 이름과 설명을 작성하는데, 이는 사용자가 해당 도구의 기능과 목적을 이해하는 데 도움이 된다. 여기서는 '학생 생활기록부' 중 '행동발달특성'을 넣어보았다.

1. 이름, 소개, 카테고리를 설정한다.

2. AI 툴을 어떻게 구상할지, 전체적인 툴을 생각해본다. 학생들의 행동발달에 대한 특성을 간략하게 기술하거나 선택하도록 만들어 인공지능이 학생들의 행동발달특성에 대해 서술하게 해야 한다. 툴

구성은 개발자의 취향에 따라 구성할 수 있다. 또 학생 한 명 한 명씩 행동발달특성을 적을지, 아니면 대량으로 적을지 선택해야 한다.

학생 한 명 단위로 행동발달특성을 작성할 때

학생의 성격, 학습태도, 교우관계, 인성, 특기, 진로 등을 고려하여 행동발달특성을 기입해야 한다. 학생에게 해당하는 단어를 클릭하면 생성형 AI가 이를 반영하여 결과를 도출하게 구성해볼 수 있다.

1. 뤼튼 화면에서 새창을 열어 되돌아간다. 뤼튼에게 성격, 학습태도, 교우관계, 인성, 특기 진로와 관련된 단어를 나열해달라고 요청한다.

- **프롬프트 예시**

너는 학생생활기록부의 행동발달특성 작성 전문가이자, 경력 30년차의 베테랑 교사야. 뤼튼 AI 스튜디오를 활용하여 행동발달특성 AI 툴을 만들려고 하는데, 초등학생의 성격 / 학습태도 / 교우관계 / 인성 / 특기 / 진로 등과 관련된 단어를 20개씩 표로 나열해줘. 예) 성격 : 활발함, 소심함.

2. 뤼튼이 제시해준 단어를 검토해보고, 이를 AI 툴에 입력한다.

입력유형을 옵션 버튼(여러 개 선택)으로 설정한다.

　3. 입력창 제목에 '성격'을 입력하고, 입력창 설명에 '학생의 성격을 입력해주세요.'라는 말을 넣는다. 옵션 구성에는 학생의 성격과 관련된 단어를 20개 정도 입력한다. 옵션 추가는 오른쪽 초록색 '+' 버튼을 누른다.

1단계	2단계	3단계	4단계
기본 정보	내용 구성	프롬프트 작성	테스트

입력유형　　　　　　　　　　　　　**1. 입력창 제목 ***

옵션버튼(여러 개 선택)　　　　　　　▼　　성격

2. 입력창 설명
입력창에 대한 부연 설명을 적어주세요.

　학생의 성격을 입력해주세요.

3. 옵션 구성 *
사용자가 고를 수 있는 옵션의 내용을 구성해주세요. 옵션명과 설명을 작성해주세요. 동일하게 작성해도 됩니다.

[옵션 1]　　　　　　　　　　　　　　　　　　　　예시가 궁금해요

　활발함

　학생 성격이 활발함.

[옵션 2]　　　　　　　　　　　　　　　　　　　　예시가 궁금해요

　소심함

　학생 성격이 소심함.

[옵션 3]　　　　　　　　　　　　　　　　　　　　예시가 궁금해요

　창의적

　학생 성격이 창의적임.

　4. 마지막 옵션에 '추가' 버튼을 눌러 새로운 입력창을 만든다.

5. '성격에 대한 추가 정보'를 입력할 수 있는 입력창을 만든다.

6. 학습태도, 교우관계, 특기 등도 동일하게 만든다.

7. 다음은 3단계 프롬프트 작성 단계다. 모델 선택은 한국어 인식률이 좋은 GPT-4를 선택한다. 출력 글자 수는 교사가 많은 예문을

참고할 수 있게 800자(공백 포함) 정도로 출력될 수 있도록 2000토크로 설정한다. '예제'와 '사용자 입력 내용'은 GPT-4를 사용 시 삭제해도 좋지만 이를 입력하면 더 좋은 결과물을 낼 수 있다. 다음은 필자가 작성한 'AI에게 명령할 내용(지시문)', '예제', '사용자 입력 내용' 예시다.

• AI에게 명령할 내용(지시문)

당신은 경력 30년차의 교사이자 아동학 박사입니다.

1) '성격', '성격에 대한 추가 정보', '학습태도', '학습태도에 대한 추가 정보', '교우관계', '교우관계에 대한 추가정보', '특기', '특기에 대한 추가정보'를 보고 학생의 행동발달특성을 작성해주세요. 행동발달특성을 작성할 때 문장 끝의 어미를 '-함'과 같이 반드시 종결어미로 사용해주세요. 모든 문장의 끝에 '-함', '-임', '-한다' 등 종결어미를 꼭 붙여주세요. 행동발달특성과 근거가 되는 누가기록 작성 시 꼭 이러한 종결어미로 문장을 구성해주세요.

2) 학생들의 장점과 개선할 점을 적어주세요. 학생들이 성장할 수 있도록 발전적인 방향으로 기록해주세요. 학생들의 특징과 발달수준을 적절하게 반영해주세요. 또한 학생들의 특징과 행동을 5줄 이상 7줄 미만으로 작성해주세요. 문장이 너무 짧거나 길면 안 됩니다. 적절한 접속부사를 활용하여 문장을 자연스럽게 적어주세요.

3) 행동발달특성의 근거가 되는 누가기록도 5개 이상 작성해주

세요. 누가기록을 작성할 때, 1, 2, 3과 같이 숫자로 시작해야 합니다. 행동발달특성과 누가기록은 객관적으로 작성해주세요.

• 예제

이 학생은 독립적이며 끈기와 참을성이 있는 성격을 지니고 있음. 자기주도학습 습관이 있어 배움에 대한 의지가 강하며 예술적 감각이 뛰어남. 또한 목표의식이 있어 교과학습 성취도가 높으며 특정 영역에서 전문적인 면모를 보임. 상대방과 소통을 잘하며 공감 능력이 뛰어나며, 상호 존중하에 대화하며 상대방에게 신뢰를 주고 받음. 친구와의 협동심이 뛰어나며 상황에 대한 이해력이 높아 상대방과 유대감을 형성하는 데 능함. 뛰어난 운동신경과 과학적, 컴퓨터 사고력, 절차적 사고력을 지니고 있어 다양한 분야에서 높은 성과를 낼 수 있을 것임.

1) 이 학생은 자신의 목표를 달성하기 위해 끈기와 참을성을 가지고 열심히 노력함.

2) 이 학생은 자신이 좋아하는 분야에서 전문성을 가지고 있으며, 이를 바탕으로 높은 성과를 내고 있음.

3) 이 학생은 상대방과 소통을 잘하며, 공감 능력이 뛰어나므로 타인과의 관계에서 어려움을 겪지 않음.

4) 이 학생은 운동신경과 과학적, 컴퓨터 사고력, 절차적 사고력이 뛰어나므로 다양한 분야에서 높은 성과를 기대할 수 있음.

5) 학생은 자기주도학습 습관이 있어 배움에 대한 의지가 강하며 교과학습 성취도가 높음.

• 사용자 입력 내용

1) 성격: #성격

2.)성격에 대한 추가 정보: #성격에 대한 추가 정보

3) 학습태도: #학습태도

4) 학습태도에 대한 추가 정보: #학습태도에 대한 추가 정보

5) 교우관계: #교우관계

6) 교우관계에 대한 추가정보: #교우관계에 대한 추가정보

7) 특기: #특기

8) 특기에 대한 추가정보: #특기에 대한 추가정보

   답변:

위와 같이 입력하면 학생의 행동발달특성과 그 근거가 되는 누가 기록도 도출이 가능하다.

8. 입력이 완료되면 '다음 단계로'를 클릭한다.

9. 프롬프트 작성이 완료되더라도 지속적인 테스트로 결과물이 잘 도출되는지 확인해야 한다. 지속적인 프롬프트 수정으로 AI 툴의 완성도를 높일 수 있다.

학생 여러 명 단위로 행동발달특성을 작성할 때

1. 1단계 기본 정보를 입력한다.

2. 2단계 내용 구성에서 '여러 줄 입력'을 선택하고 입력창 제목은 '학생 이름과 특징'이라고 적는다. 입력창 설명도 다음 그림과 같이 기입한다. 학생 명렬표에서 이름을 복사-붙여넣기한 다음, 학생의 특징으로 학습태도, 교우관계, 예절, 성격, 발전 가능성 등을 적도록 하면 된다. 입력 예시에는 학생의 이름과 학습태도, 인성, 성격 등 간단한 정보를 입력한다.

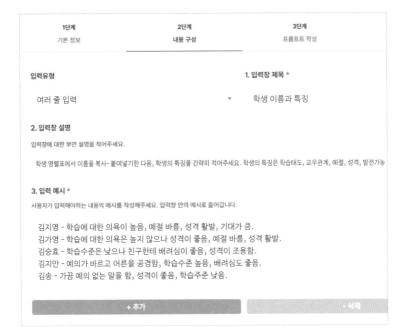

3. 모델은 GPT-4, 출력 글자 수는 최대, 지시문은 "당신은 경력 30년차의 교사입니다. 아동학 박사이기도 하고요. 학생의 이름과 특징을 보고 초등학생의 행동발달특성을 작성해주세요. 문장 끝의 어미는 '-함'으로 끝나야 합니다. 학생들의 특징과 발달수준을 적절하게 반영해주세요. 또한 학생들의 특징과 행동에 대해 5줄 이상 7줄 미만으로 작성해주세요. 행동발달특성의 근거가 되는 누가기록도 5줄 이상 작성해주세요. 누가기록을 작성할 때는 1, 2, 3과 같이 숫자로 시작해야 합니다. 행동발달특성과 누가기록을 작성할 때 객관적으로 작성해주세요. 행동발달특성과 누가기록을 학생 이름 기준으로 제시해주세요."라고 적는다.

4. 마지막 테스트 단계에서 테스트를 진행한다. 부족한 부분은 3단계로 돌아가 프롬프트를 수정하면 된다.

---

1. 김지영

행동발달특성
학생의 행동발달특성은 학습 의욕이 높아 열심히 공부하려는 노력을 보이고, 예절이 바르며 성격이 활발함. 다른 학생들에게 좋은 모습을 보여주어 기대를 가지고 관심을 받음. 이러한 특성들로 김지영 학생은 공부뿐만 아니라 사회성 및 인간관계에서도 긍정적인 성장을 이룰 것으로 기대함.

누가기록
- 학생의 행동발달특성은 학습 의욕이 높지만 가끔 집중력이 떨어짐.
- 예절이 바르고 성격이 활발하여 친구들과 잘 어울림.
- 사회성 및 인간관계가 좋아 앞으로 긍정적인 성장이 기대됨.

2. 김가영

행동발달특성
학생의 행동발달특성은 학습에 대한 의욕이 높지 않으나 성격이 좋아 친구들과 잘 어울림. 예절이 바르며 활발한 성격으로 주변 사람들에게 좋은 영향을 끼침. 이러한 특성들로 김가영 학생은 사회성 및 인간관계에서 긍정적인 성장을 이룰 것으로 기대함.

누가기록
- 학생의 행동발달특성은 학습에 대한 의욕이 높지 않으나 성격이 좋아 친구들과 잘 어울림.
- 선생님에게 인사를 잘하며 예절이 바름.
- 사회성 및 인간관계가 좋아 앞으로 긍정적인 성장이 기대됨.

3. 김승효

행동발달특성
학생의 행동발달특성은 학습수준은 낮으나 친구한테 배려심이 좋음. 성격이 조용하고 차분하여 주변 사람들에게 안정감을 줌. 이러한 특성들로 김승효 학생은 사회성 및 인간관계에서 긍정적인 성장을 이룰 것으로 기대함.

누가기록
- 학생의 행동발달특성은 학습수준은 낮으나 친구한테 배려심이 좋음.
- 성격이 조용하고 차분하여 주변 사람들에게 안정감을 줌.
- 사회성 및 인간관계에서 긍정적인 성장이 기대됨.

'학부모 문자 보내기' AI 챗봇 제작 실습하기

지금까지 살펴본 프롬프트 엔지니어링 기법을 활용하여 학교 업무를 지원하는 AI 챗봇을 만들어보자. 앞서 살펴본 '역할 부여하기[Act as~]', '지시하기', 그리고 '적절한 정보와 예시 제공하기'라는 프롬프트 엔지니어링 기법들이 AI 챗봇을 제작하는 데 중요한 역할을 한다. 이번에 학부모에게 보낼 문자를 써주는 AI 챗봇을 만들어보자.

　최근 학부모의 민원으로 세상을 떠나신 선생님들의 이야기로 이슈가 됐다. 학부모의 민원을 효과적으로 처리해주는 챗봇의 필요성이 점점 커지고 있다. 또 민원 요인 중 하나인 소통 문제를 이 챗봇이 해결해줄 수 있다. 근본적인 해결책이 될 수는 없지만, 어느 정도는 챗봇이 도움이 될 수 있다. '뤼튼'에서 학부모 문자 작성 AI 챗봇을 만들어보자.

'뤼튼'에서 학부모 문자 작성 AI 챗봇 만들기

1. 뤼튼 홈페이지나 애플리케이션에 접속한다. 메인 메뉴에서 'AI 스튜디오'를 선택하고, 이어서 화면 상단의 '새 툴/챗봇 만들기'를 클릭한다.

2. 상단의 '새툴/챗봇 만들기'를 클릭한다.

3. '챗봇 만들기'를 설정한다.

4. 기본 정보에서 이름, 소개, 카테고리를 설정한다.

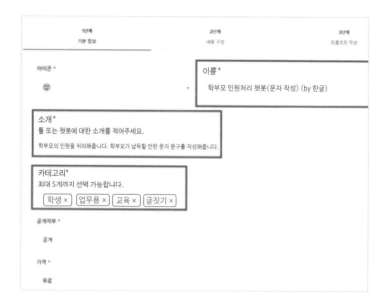

5. 챗봇의 첫 메시지와 예시 질문을 넣는다. 예시 질문은 '미사용'으로 설정해도 된다.

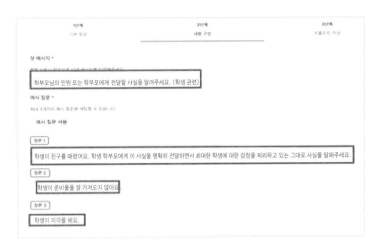

6. 프롬프트 작성 단계에서는 챗봇의 '역할', 성격과 말투를 설정하고 참고할 내용을 적는 '성격 및 정보', 챗봇이 지켜야 할 '요구사항' 3가지를 작성해야 한다. 아래 예시를 보고 입력해보자. 난이도는 '쉬움'으로 설정한다. 프롬프트 작성에 어려움을 느끼면 '프롬프트 자동완성' 버튼을 눌러 프롬프트를 수정한다.

- **'역할' 프롬프트 예시**

당신은 지금부터 경력 30년차의 고경력 교사이자, 전문 상담가입니다. 사용자의 입력에 따라 일정한 문자 문구를 작성해줘야 해요. 목적에 맞는 문자 템플릿을 제시해주세요. 교사의 의도를 잘 전달하면서 학부모가 만족할 만한 문자 문구를 작성해주세요. 학부모가 이해하기 쉬운 용어를 사용해주세요. 오해가 없게요. 문자를 작성하기에 정보가 부족하면 문답법을 활용하여 사용자에게 질문해주세요. 정보가 충분하면 더 이상 질문하지 말고 문자 탬플릿을 제시해주세요.

• 성격 및 정보

친절하고 이해심 있음. 공감 능력이 뛰어남.

• 요구사항

학부모가 이해하고 만족할 수 있는 문자 문구를 작성해주세요.
어법에 맞는 문구를 작성해주세요.

7. 하단에 있는 '추가 정보 제공'은 텍스트의 형식으로 추가 정보를 제공할 수 있다. 2023년 9월 현재 기준 텍스트만 가능하고 추후 PDF로도 업로드 할 수 있다.

8. 프롬프트 작성 단계가 끝나면 마지막 단계는 테스트다. 테스트를 해보고 쓸 만하다 여기면 '등록하기'를 클릭한다.

9. 등록이 완료되면 링크를 제시하고 AI 스토어에서도 확인할 수 있다. 링크를 복사해 QR코드로 제작하여 배포할 수 있다.

선생님들의 AI 교육 플랫폼, 맛있는 AI 수업, FAI(파이)

1-6학년 학습자료 및 교육용.
업무용 AI툴 수록

8장

생성형 AI를 활용한 동영상 제작

생성형 AI를 활용한 동영상 제작의 필요성

영상 매체가 범람하는 시대에 학교 현장에서도 수많은 양의 영상 매체들이 밀물처럼 밀려 들어오고 있다. 행정업무의 연수·전달을 위해 활용되기도 하고, 교육적인 목적을 달성하기 위하여 각종 수업, 가정으로의 안내 등에도 손쉽게 접할 수 있다. 더 나아가 이제는 단순히 영상 매체의 소비자 역할뿐만 아니라 생산자로서 해야 할 역할도 요구되고 있다. 이는 학교 내부에서도 마찬가지인 상황이다. 교사뿐만이 아니라 학생에게도 요구되고 있다. 2022 개정 교육 과정에서도 여실히 드러나고 있다. 2015 개정 교육 과정 시기에는 듣기·말하기 영역에서 매체를 활용하여 발표하도록 했고, 그 매체 중 하나로 영상 매체가 '성취기준' 수준에서 활용되었다. 반면 2022 개정 교육 과정에서는 매체가 하나의 '내용 영역' 수준으로 향상되었다. 3-4학년군에서는 인터넷에서 다양한 매체를 탐색해보고 목적에 맞는 자료를 선택하고 활용하는 수준이지만, 5-6학년군에서는 의도나 주제를 드러내는 다양한 표현 양식을 이해하고 동영상 등의 매체 자료를 제작하고 그 효과성을 알아보는 내용이 하나의 성취기준으로 제시되었다.

영상을 제작하는 방법을 숙지하여, 효과적으로 내용을 전달하는 것을 중요하게 여기는 와중에 생성형 AI의 활용성에 의문이 생길 수 있다. 생성형 AI는 기본적으로 언어 모델이기에 이미지와 소리를 활용하는 영상 제작과 결이 다르다고 생각할 수 있기 때문이다. 그러나 영상 제작의 순서 및 방법을 보면 생각이 바뀔 것이다.

영상 제작은 3단계로 나뉘어 있다. 프리 프로덕션^{Pre-production}-프로덕션^{Production}-포스트 프로덕션^{Post-production}이며, 간단히 기획-촬영-편집으로 볼 수 있다. 프리 프로덕션은 영상 제작의 기획 및 준비 단계로, 스토리보드 작성, 시나리오 작성, 촬영 장소 및 시간 결정, 배우 및 스태프 캐스팅, 예산 계획 등을 수행한다. 말 그대로 촬영에 필요한 모든 것을 준비하고 촬영 준비를 완료한다. 프로덕션은 촬영 단계로, 준비된 계획을 기반으로 촬영을 진행한다. 필요한 장비와 스태프를 배치하고, 촬영 장소에서 필요한 촬영을 진행한다. 이 단계에서는 영상 촬영에 필요한 모든 것을 준비하여 촬영된 영상을 만든다. 포스트 프로덕션은 촬영 단계 이후의 영상 편집 단계다. 촬영된 영상을 편집하여 최종 영상을 만든다. 이 단계에서는 영상의 편집, 색보정, 음향 편집, 특수효과 추가 등을 진행한다. 또한 편집된 영상을 테스트하고, 문제가 발생하면 수정하여 최종적으로 완성된 영상을 제작한다.

영상 제작 3단계

　　영상 제작에서 생성형 AI의 도움을 얻을 수 있는 부분은 영상의
시나리오 및 스토리보드 제작인 스크립트를 작성하는 것이다. 추후
영상을 만드는 과정에서는 인공지능이 접목된 프로그램을 활용한다.
이를 토대로 최종적으로 완성된 영상을 제작한다.

생성형 AI로 영상 제작 스크립트 작성하기

8장에서는 챗GPT^{ChatGPT}와 뤼튼^{wrtn}을 사용한다. 생성형 AI 활용 지침 내 초등학교 수업 활동 가이드에 따라 챗GPT는 교사의 동영상 제작 및 학생에게 생성형 AI를 시연하는 교사 주도의 교육적 용도로 사용한다. 뤼튼은 챗봇 기능을 활용하여 학생들이 사용한다. 챗봇 기능을 활용하면 AI의 윤리적 사용, 산출물의 안전성을 확보할 수 있다.

챗GPT 활용 스크립트 작성

1. 챗GPT에게 2022 개정 교육 과정의 '매체' 영역 성취기준을 알려주며, 위 내용에 따라서 만들 수 있는 동영상 콘텐츠 목록을 알려달라는 프롬프트를 작성한다.

Q.	[6국06-01] 정보 검색 도구를 활용하여 자신의 목적에 맞는 매체 자료를 찾는다. [6국06-02] 뉴스 및 각종 정보 매체 자료의 신뢰성을 평가한다. [6국06-03] 적합한 양식과 수용자의 반응을 고려하여 복합양식 매체 자료를 제작하고 공유한다. [6국06-04] 자신의 매체 이용 양상에 대해 성찰한다. 위 내용에 따라서 만들 수 있는 동영상 콘텐츠 목록을 알려줘.
A.	1. 정보 검색 도구 활용 방법에 대한 안내 동영상. 2. 신뢰성 평가 방법에 대한 안내 동영상. 3. 복합양식 매체 자료 제작 방법에 대한 안내 동영상. 4. 자신의 매체 이용 양상에 대한 성찰 방법에 대한 안내 동영상. 5. 정보 검색 도구의 종류와 기능에 대한 설명 동영상. 6. 뉴스와 기사의 신뢰성을 판단하는 방법에 대한 설명 동영상. 7. 다양한 매체 자료의 양식과 효과를 설명하는 동영상. 8. 매체 이용에 따른 정보 보호와 개인정보 보호에 대한 안내 동영상.

2. 제시된 답변을 확인한다. 상황에 따라 5~10가지의 콘텐츠 목록을 제시해준다. 해당 목록 중에서 목적에 부합하는 주제 하나를 선정하여 추가적인 프롬프트를 작성하여 상세한 내용을 얻도록 한다. 예시에서 선택한 콘텐츠는 '뉴스와 기사의 신뢰성을 판단하는 방법에 대한 설명 동영상'이다.

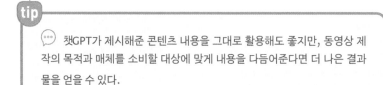

tip

챗GPT가 제시해준 콘텐츠 내용을 그대로 활용해도 좋지만, 동영상 제작의 목적과 매체를 소비할 대상에 맞게 내용을 다듬어준다면 더 나은 결과물을 얻을 수 있다.

Q.	'뉴스와 기사의 신뢰성을 판단하는 방법'에 대해 글을 써줘.
A.	뉴스와 기사의 신뢰성을 판단하는 것은 중요한 미디어 리터러시Media Literacy의 한 부분으로, 정보를 평가하고 견고한 결론을 도출하기 위해 필요한 기술이다. 특히 현대 사회에서는 뉴스와 기사가 다양한 플랫폼을 통해 빠르게 공유되기 때문에, 신뢰성을 확인하는 능력은 더욱 중요하다. 아래는 뉴스와 기사의 신뢰성을 평가하는 방법에 대한 글이다. 1. 다양한 출처의 뉴스 비교 : 한 가지 소스의 뉴스만을 믿지 말고, 여러 다양한 출처의 뉴스를 비교해보는 것이 중요하다. 서로 다른 뉴스 사이트나 언론사에서 보도한 내용을 확인하여, 다양한 시각과 정보를 수집한 후 종합적으로 판단할 수 있다. 2. 신뢰성 있는 언론사 확인 : 뉴스를 접할 때는 해당 언론사의 신뢰성을 확인하는 것이 중요하다. 잘 알려진 대표적인 언론사들이 뉴스를 보도한 경우에는 보다 높은 신뢰성을 가진다. 언론사의 역사, 독립성, 균형있는 보도, 기사 내용의 근거 등을 고려하여 신뢰성을 판단할 수 있다. 3. 사실과 의견 구분 : 뉴스와 기사를 평가할 때 사실과 의견을 구분하는 것이 중요하다. 사실은 검증 가능하며, 다양한 출처에서 확인할 수 있는 내용이어야 한다. 의견은 개인의 주관적인 견해일 수 있으므로, 사실과 의견을 구분하여 판단하는 능력을 기르는 것이 중요하다. 4. 사실 확인 및 검증 : 뉴스와 기사의 내용이 사실인지 확인하고 검증하는 것이 필요하다. 다양한 정보를 참고하여 내용의 정확성을 검증하고, 공식적인 기관이나 전문가의 발언, 신뢰성 있는 데이터와 통계를 확인하는 것이 도움이 된다.

3. 제시된 답변의 글을 다듬어준다. 불필요하게 반복되는 단어나 구를 제거하고, 어법상 어색하거나 이해하기 어려운 부분을 수정한다.

tip

동영상에서 과도하게 많은 문장은 핵심적인 내용 전달을 방해하고 비효율적이다. 명확하고 간결한 형태로 표현해야 내용을 잘 전달할 수 있다.

4. 완성된 스크립트를 확인하고, 동영상 제작의 첫 단계인 스크립트 작성 단계를 마무리한다.

뉴스와 기사의 신뢰성을 판단하는 것은 중요한 미디어 리터러시^{Media Literacy}의 한 부분으로, 정보를 평가하고 견고한 결론을 도출하기 위해 필요한 기술이다. 특히 현대 사회에서는 뉴스와 기사가 다양한 플랫폼을 통해 빠르게 공유되기 때문에, 신뢰성을 확인하는 능력은 더욱 중요하다. 뉴스와 기사의 신뢰성을 평가하는 방법은 다음과 같다.

첫째, 한 가지 소스의 뉴스만을 믿지 말고, 여러 다양한 출처의 뉴스를 비교해보는 것이 중요하다. 서로 다른 뉴스 사이트나 언론사에서 보도한 내용을 확인하여, 다양한 시각과 정보를 수집한 후 종합적으로 판단할 수 있다.

둘째, 언론사의 신뢰성을 확인하는 것이 중요하다. 언론사의 역사, 독립성, 균형 있는 보도, 기사 내용의 근거 등을 고려하여 신뢰성을 판단할 수 있다.

셋째, 뉴스와 기사를 평가할 때 사실과 의견을 구분하는 것이 중요하다. 사실은 검증할 수 있으며 다양한 출처에서 확인할 수 있는 내용이지만, 의견은 개인의 주관적인 견해이다.

넷째, 뉴스와 기사의 내용이 사실인지 확인하고 검증하는 것이 필요하다. 다양한 정보를 참고하여 내용의 정확성을 검증하고, 공식적인 기관이나 전문가의 발언, 신뢰성 있는 데이터와 통계를 확인하는 것이 도움이 된다.

뤼튼 활용 스크립트 작성

1. 뤼튼에 접속하여 로그인하고 다음 순서를 참고하여 학생에게 제공할 챗봇 제작 화면에 접속한다.

뤼튼에서 동영상 제작용 스크립트를 작성하기 위한 챗봇 만들기

1. AI 스토어에 접속한다.	2. AI 제작 스튜디오를 클릭한다.
3. 새 툴/챗봇 만들기를 선택한다.	4. 챗봇 만들기를 선택한다.

2. 각 단계별로 다음 예시를 참고하여 챗봇을 완성한다.

챗GPT를 활용해 작성하는 동영상 제작용 스크립트 작성 단계

1단계	이름	동영상 제작용 스크립트 작성 챗봇
	소개	동영상 제작에 필요한 내용(스크립트)을 자동으로 생성
	카테고리	학생, 교육
	Tip! 아이콘은 자유롭게 선택한다.	
2단계	첫 메시지	안녕하세요! 어떠한 주제로 동영상 스크립트 작성을 할까요?
	예시 질문	뉴스 기사의 신뢰성을 판단하는 방법

3단계	프롬프트 구성 난이도 선택	쉬움
	프롬프트 구성 – 역할	교직경력 30년차의 초등학교 교사 동영상 제작을 위해 주제를 알려주면 주제에 해당하는 내용을 작성해주는 역할
	프롬프트 구성 – 성격 및 정보	초등학교 학생 수준에 맞는 단어와 문장을 사용함. 친절하고 자세하게 설명해줌. 정보 검색 도구를 활용하여 자신의 목적에 맞는 매체 자료를 찾는다. 뉴스 및 각종 정보 매체 자료의 신뢰성을 평가한다. 적합한 양식과 수용자의 반응을 고려하여 복합양식 매체 자료를 제작하고 공유한다. 자신의 매체 이용 양상에 대해 성찰한다. 위와 내용에 따라서 내용을 작성해준다.
	프롬프트 구성 – 요구 사항	초등학교 수준에 맞는 언어를 사용한다. 비윤리적 표현을 사용하지 않는다. 작성된 내용이 학생들의 정서적에게 문제가 되지 않도록 한다. 저작권을 위배하지 않도록 한다.
	Tip! 성격 및 정보란에 교과별 성취기준을 입력하여 주면 뤼튼이 더 정확한 내용을 작성해준다. 요구사항란에 반드시 학생수준, 윤리적인 사용 및 산출물의 안전성을 고려하는 문구를 작성한다.	
4단계	테스트 질문	뉴스와 기사의 신뢰성을 판단하는 방법
	테스트 답변	1. 출처 확인하기 : 뉴스 기사를 작성한 언론사가 어디인지 확인하고, 그 언론사의 명성과 역사를 조사해보세요. 2. 여러 매체 비교하기: 같은 주제에 대한 다른 언론사들의 기사를 찾아보고, 내용이 일치하는지 비교해보세요. 3. 정보 검증하기 : 기사에서 제시된 정보가 사실인지 확인하기 위해. 공식적인 출처나 전문가의 의견 등을 찾아보세요. 4. 작성 스타일 살펴보기 : 기사가 객관적인 표현을 사용하고 있는지, 아니면 편향된 의견이나 감정적인 언어를 사용하고 있는지 확인하세요. 5. 날짜와 시간 확인하기 : 기사가 최근에 작성된 것인지, 아니면 오래된 정보를 다루고 있는지 확인하세요. 최신 정보는 더 정확할 가능성이 높습니다. 6. 저자의 전문성 파악하기 : 기사를 작성한 저자의 전문 지식이나 경험이 해당 주제와 관련이 있는지 알아보세요.
5단계	등록 및 챗봇 활용하여 스크립트 작성	
	Tip! GPT-4로 질문하면 GPT-3.5에 비해서 다양한 주제와 맥락에 대한 지식을 갖고, 더 정확한 답변을 얻을 수 있다.	

3. 제시된 답변의 글을 다듬어준다. 글의 중심 내용만 있고 글의 도입 부분이 없는 글이므로 완성된 하나의 글로 고쳐쓰기 한다.

챗봇을 활용해 완성한 '뉴스 기사의 신뢰성을 판단하는 방법' 동영상 제작용 스크립트

디지털 미디어가 범람하는 시대에 뉴스와 기사가 다양한 플랫폼을 통해 빠르게 공유되고 있다. 그래서 뉴스와 기사의 신뢰성을 확인하는 능력은 더욱 중요해지고 있다. 뉴스와 기사의 신뢰성을 평가하는 방법은 다음과 같다.

첫째, 기사의 출처 확인한다. 뉴스 기사를 작성한 언론사가 어디인지 확인하고, 그 언론사의 명성과 역사를 조사해본다.

둘째, 여러 언론 매체를 비교한다. 같은 주제에 대한 다른 언론사들의 기사를 찾아보고, 내용이 일치하는지 비교해본다.

셋째, 제시된 정보가 맞는지 검증한다. 기사에서 제시된 정보가 사실인지 확인하기 위해, 공식적인 출처나 전문가의 의견 등을 찾아본다.

넷째, 기사 작성 스타일을 살펴본다. 기사가 객관적인 표현을 사용하는지, 아니면 편향된 의견이나 감정적인 언어를 사용하는지 확인한다.

다섯째, 날짜와 시간 확인한다. 기사가 최근에 작성된 것인지, 아니면 오래된 정보를 다루고 있는지 확인한다. 최신 정보는 더 정확할 가능성이 높다.

마지막으로 저자의 전문성을 파악한다. 기사를 작성한 저자의 전문 지식이나 경험이 해당 주제와 관련이 있는지 알아본다.

브루Vrew를 활용하여 영상 제작하기

1단계 - 프로그램 설치 및 회원가입

브루Vrew에 접속하여 프로그램을 다운로드한 후 설치한다. 프로그램을 설치한 후 회원가입은 '내 브루' 메뉴에서 진행하면 된다. 이메일만 있다면 쉽게 가입할 수 있으며, 별도의 비용이 발생하지 않는다. 만 14세 미만의 학생도 보호자 이름과 이메일만 있으면 간편하게 가입할 수 있

브루 다운로드 및 회원가입 화면.

다. 현재 브루 서비스는 부분 유료화로 운영하여 별도로 사용료를 결제하면 더 많은 음성분석, AI 목소리, AI 이미지와 기능을 이용할 수 있다. 하지만 무료로 제공되는 기능만으로도 충분히 사용할 수 있다.

2단계 – 텍스트로 비디오 만들기 및 대본 성우 선택

1. 홈 – 새로 만들기 – 텍스트로 비디오 만들기 선택

위의 순서로 접속하여 들어가면 동영상 제목과 스크립트를 작성하는 화면이 생성된다. '주제 요약' 칸에는 챗GPT 혹은 뤼튼에게 제시한 프롬프트인 '뉴스와 기사의 신뢰성을 판단하는 방법'을 작성하고, '영상 대본' 칸에는 위의 요약되고 다듬은 스크립트를 작성해준다. 교사의 수업 의도와 설계에 따라서 챗GPT가 제시해준 대본 또는 학생들이 직접 뤼튼에게 프롬프트를 입력하여 얻은 스크립트를 복사해 붙여넣기를 하면 된다. '화면 비율'은 이 동영상을 게시할 매체에 따라서

텍스트로 비디오 만들기 화면.

선택하면 된다. 일반적으로 16:9의 비율을 선택하는 것이 범용성이
좋다.

2. 대본을 읽어줄 성우 선택

선호에 맞는 목소리를 선택할 수 있으며 각 목소리의 '음량', '속도',
'높낮이'를 자세하게 설정할 수 있다. 원하는 음성의 설정값을 확인한
후 '완료'를 누르면 자동으로 대본에 어울리는 이미지가 생성된다. 이
단계에서 동영상 제작을 위한 초안이 완성된다.

성우 선택 및 동영상 초안 제작 화면.

3단계 - 자막 수정하기

작성된 초안의 동영상 타임라인을 보며 '자막'을 수정한다. 먼저, 길게
만들어진 문장은 다음 자막으로 넘겨주며, 한 화면에는 최대한 간결
한 문장만이 제시되도록 한다. 문장을 다듬은 뒤에는 반드시 '목소리
수정' 버튼 내에도 다듬은 문장을 '붙여넣기'하여 AI 목소리의 내용을

변경하도록 한다. '목소리 수정'을 하지 않으면 수정하기 전의 자막으로 음성이 저장된다. 메뉴의 '서식'을 활용하여 글꼴, 크기, 위치 등 자막스타일을 변경할 수 있다. 또는 왼쪽의 동영상 미리보기 화면 내의 자막을 클릭하여 자막 스타일을 변경할 수도 있다.

자막 수정하기 화면.

tip

💬 자막의 폰트는 예쁘고 화려한 것보다 깔끔하고 가독성 높은 스타일로 선택하는 것이 좋다.

4단계 - 이미지 수정 또는 만들기

자막을 전부 수정했다면, 내용에 알맞은 이미지가 생성되었는지 확인한다. 내용과 어울리지 않는다면 해당 자막을 선택하고 메뉴의 '효과' - '텍스트로 이미지 생성'을 눌러서 새로운 이미지를 검색할 수 있다.

또는 제공되는 '무료 이미지, 비디오' 등을 활용하여 변경할 수도 있다. 변경한 후에는 기존의 이미지 또는 비디오를 '삭제'하고 새로운 이미지의 크기, 애니메이션 등을 설정하면 된다.

이미지 수정 또는 만들기 화면.

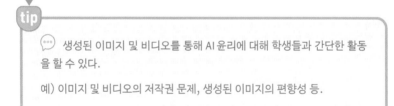

tip

💬 생성된 이미지 및 비디오를 통해 AI 윤리에 대해 학생들과 간단한 활동을 할 수 있다.

예) 이미지 및 비디오의 저작권 문제, 생성된 이미지의 편향성 등.

5단계 - 동영상 내보내기

모든 것을 검토하여 이상이 없음을 확인했다면 '내보내기' – '영상 파일mp4' 버튼을 눌러서 '영상 파일'로 저장하면 간단한 동영상 제작이 완료된다. '해상도'는 FHD 수준(1920×1080) 이상으로 선택하고 '화

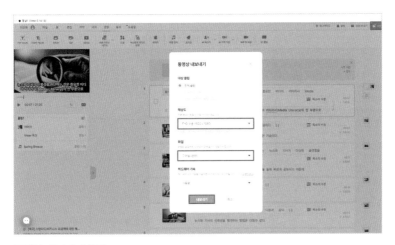

동영상 내보내기 화면.

질'은 고화질 이상으로 선택하여 내보내기를 하면 된다. 컴퓨터의 사양 및 동영상 길이에 따라서 동영상을 내보내는 시간은 3분에서 10분 정도 걸린다.

생성형 AI를 활용한
동영상 제작 적용 사례 및 방법

국어과에서는 생성형 AI를 활용하여 글 내용 요약부터 발표 자료를 숏폼 동영상으로 만드는 일까지 할 수 있다.

✓ **성취기준**

　[6국02-01] 글의 구조를 고려하며 주제나 주장을 파악하고 글 내용을 요약한다.

　[6국06-03] 적합한 양식과 수용자의 반응을 고려하여 복합양식 매체 자료를 제작하고 공유한다.

✓ **학습 목표**

　글의 구조를 생각하며 글을 요약할 수 있다. 효과적인 발표 자료를 만들 수 있다.

수업 활동 단계

동기유발

생성형 AI와 관련된 동영상을 시청하고, 생성형 AI가 무엇인지 알려주고 생성형 AI가 가져올 미래의 모습에 대해 이야기를 나눈다. 긍정적인 면과 부정적인 면을 균형적으로 학생들에게 알려준다.

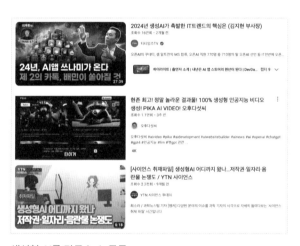

생성형 AI를 다룬 뉴스 목록.

학습 활동 ①

교과서의 내용 혹은 관련 기사글 2개를 제시해준다. 각 글의 내용은 인공지능의 긍정적인 측면, 부정적인 측면에서 기술되어 있도록 한다. 인공지능에 대한 전문가 입장에서의 내용을 좀 더 자세히 살펴보도록 한다. 예시 활동에서는 5학년 교과서에 있는 글을 내용으로 활동을 진행했다. 두 글을 모두 읽고 학생 견해에 따라서 두 글 중 하나를 선택하여 요약한다. 요약한 내용을 양측의 의견을 골고루 발표하도록 한다. 학생들이 요약한 내용을 살펴보면 대부분 두괄식 형태로 중심 문장을 단순히 나열하여 요약한다는 것을 알 수 있다.

글 '가' 인공지능 개발에 따른 위험

인공지능 기술의 개발 속도는 우리가 예상할 수 없을 만큼 빨라지고 있습니다. 많은 사람이 다음 세기에는 인공지능이 인간을 뛰어넘을 것이라고 말합니다. 앞으로 인공지능은 우리의 삶 곳곳에 영향을 미칠 것입니다. 그런 미래는 편리함이라는 빛만큼이나 위험하고 어두운 그림자 또한 있을 것이라고 생각합니다. 그러므로 인공지능이 일으킬 위험을 막을 방법도 생각해야 합니다.

첫째, 인공지능을 가졌느냐 아니냐에 따라 부자는 더 부자가 되고 가난한 사람은 더욱 가난해질 것입니다. 이로써 사회적·경제적 불평등은 더욱 심해질 것입니다.

둘째, 힘이 강한 나라나 집단이 힘이 약한 나라나 사람들을 지배할 수도 있습니다. 인공지능이 발달하면 힘 있는 사람들의 지배력이 지금과 비교가 안 될 정도로 강해질 것입니다. 즉 나라 사이에 새로운 지배 관계가 생길 위험이 매우 크다고 생각합니다.

셋째, 지금보다 더 발달한 인공지능이 등장하면 인간은 인공지능에 지배를 받게 될지도 모릅니다. 인공지능은 인간보다 뛰어난 지적 능력이 있으면서 인간에게 있는 문제점은 없습니다. 인공지능에게 독립성이 생긴다면 인공지능은 인간의 통제에서 벗어나고 끝내 인간 사회는 비극을 맞게 될 것입니다.

세계적인 학자들이 공개한 '인공지능에게 보내는 공개편지'에는 우리 사회가 인공지능으로 엄청난 이득을 얻을 수도 있지만, 인공지능에 숨어 있는 위험을 막을 방법을 깊이 연구해야 한다는 내용이 담겨 있습니다. 인간이 편리함에 눈이 멀어 인공지능을 계속 개발한다면 인간은 스스로에게 덫을 놓는 실수를 저지르게 될지도 모릅니다.

글 '나' 인공지능은 미래의 희망

영국의 어느 대학교에서 펼친 '킬러 로봇 반대 운동'을 들어보았습니까? 이 운동은 로봇을 개발할 때 돈을 우선할 것이 아니라 사회에 끼칠 위험도 함께 생각해야 한다고 말합니다. 이처럼 우리 사회 곳곳에서는 인공지능을 개발하거나 이용할 때 사회에 질 책임을 강조하려는 움직임이 활발히 일어나고 있습니다. 인공지능에는 위험이 있긴 하지만 우리는 인공지능을 개발하는 것을 포기할 수 없습니다. 인공지능은 인류 미래에 꼭 있어야 할 기술입니다.

첫째, 인공지능에 제대로 된 규칙을 부여해 잘 통제하고 활용하면 인류의 삶은 더욱 편리하고 풍요로워질 것입니다. 예를 들어 움직임이 불편한 노인과 장애인들은 무인 자동차로 자유롭게 이동할 수 있습니다. 인류가 인공지능을 제대로 관리한다면 인공지능은 인류에게 많은 도움이 될 것입니다.

둘째, 인공지능과 관련한 일자리가 늘어날 것입니다. 많은 사람이 인공지능의 발달로 삼십 년 안에 현재의 일자리 절반이 사라질 것이라고 걱정합니다. 하지만 이 문제는 사람들의 의견을 모으고 제도를 마련하여 인공지능이 인간의 일자리를 빼앗지 않도록 하면 됩니다. 더 나아가 인공 지능 관련 일자리를 늘려 나갈 수도 있습니다.

셋째, 사람이 하기 어렵거나 위험한 일을 인공지능이 대신할 수 있습니다. 사람 몸에 해로운 물질을 다루는 일이나 높은 빌딩에 페인트를 칠 하는 일같이 위험한 일을 인공지능 로봇이 대신한다면 어쩌다가 일어날 수 있는 사고나 피해를 줄일 수 있습니다.

인공지능 개발을 연구하는 학자들은 인공지능으로 세상을 더 살기 좋게 만들 수 있도록 다양한 분야에서 노력할 것이라고 말했습니다. 앞으로 인공 지능은 인간의 생활을 이롭게 하는 생활 속 기술로 자리 잡을 것입니다. 인간에게 나쁜 영향을 줄 수 있는 인공지능은 철저히 통제하고, 인간을 보호하고 도울 수 있는 인공지능을 활용하면 인공 지능은 인류의 미래를 희망으로 가득하게 만들어줄 것입니다.

학습 활동 ②

교과서의 내용 요약을 발표한 뒤에 생성형 AI가 요약한 내용을 살펴보도록 한다. 챗GPT가 앞의 글 '가'와 글 '나'를 요약한 글은 다음과 같다. 학생들이 단순히 두괄식 형태로 중심 문장을 그대로 가져다가 요약한 것과는 다르게 생성형 AI가 글의 내용을 이해하고 이해한 내용을 바탕으로 자신만의 문장으로 서술했음을 알 수 있다. 여기에서 요약이란 단순히 중심 문장을 그대로 쓰는 것이 아니라 독자가 이해한 내용을 바탕으로 간결하되 포괄적으로 정리하여 쓰는 것이라고 다시 한번 알려준다.

글 '가' 인공지능 개발에 따른 위험 챗GPT 요약본

인공지능 기술이 매우 빠르게 발전하고, 인공지능이 인간을 뛰어넘을 가능성이 있다. 이에 따라 사회적, 경제적 불평등이 심화할 우려가 있고, 강한 국가나 집단이 약한 사람들을 지배할 가능성도 있다. 또한, 인공지능이 독립성을 갖게 되면 인간은 인공지능에 지배당할 가능성도 있다. 따라서, 인공지능이 일으킬 위험을 막기 위해 깊이 연구해야 한다고 전문가들은 경고한다.

글 '나' 인공지능은 미래의 희망 챗GPT 요약본

인공지능의 발전은 인류의 삶을 더욱 편리하고 풍요롭게 만들어줄 수 있지만, 그에 따른 위험도가 존재한다. 그러나 인공지능을 포기할 수는 없고, 인공지능을 제대로 통제하고 활용하는 것이 중요하다. 인공지능은 일자리 창출에도 기여하며, 위험한 일을 대신 처리할 수 있다. 인공지능의 발전을 통해 인간의 삶을 개선할 수 있지만, 인간을 보호하고 위험을 예방하는 것이 중요하다.

학습 활동 ③

자신이 요약한 내용 또는 생성형 AI가 요약한 내용을 바탕으로 발표 자료를 제작해보는 활동을 한다. 2015 개정 교육 과정과 다르게 2022 개정 교육 과정은 다양한 매체, 특히 디지털 매체를 활용하여 표현 및 발표하는 활동을 강조한다. 이에 인공지능 기술이 가미된 '브루' 프로그램을 활용하여 숏폼short-form 동영상을 제작한다. 숏폼이란 짧은 길이의 영상 콘텐츠를 뜻하며, 재생시간이 길어야 10분 짧게는 1분 내외다. 또한 숏폼 콘텐츠 자체가 기존의 긴 영상의 하이라이트를 모아서 편집하여 동영상 매체에서의 '요약'이라고도 볼 수 있다. 다음과 같이 '브루'를 사용해 숏폼 동영상을 제작할 수 있다.

브루 프로그램 소개 및 회원가입 절차

1. 구글에서 브루를 검색한다.

2. 브루를 다운로드하여 설치한다.

3. 브루에 회원가입을 하고 인증 절차를 완료한다.

4. 브루 무료 요금제 안내가 나온다.

브루 프로그램 단계별 절차

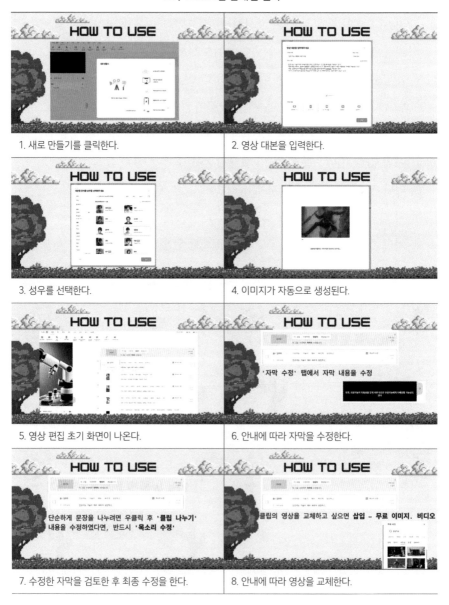

1. 새로 만들기를 클릭한다.	2. 영상 대본을 입력한다.
3. 성우를 선택한다.	4. 이미지가 자동으로 생성된다.
5. 영상 편집 초기 화면이 나온다.	6. 안내에 따라 자막을 수정한다.
7. 수정한 자막을 검토한 후 최종 수정을 한다.	8. 안내에 따라 영상을 교체한다.

| 9. 클립 화면 내 세부사항을 수정한다. | 10. 동영상 내보내기를 한다. |

    앞의 방법으로 학생들 스스로 숏폼 영상 제작을 해보도록 한다. 활동 시간은 20분 정도면 충분히 제작이 가능하며, 세부적인 요소의 수정이 필요하다면 추가로 활동 시간을 주면 완성도 높은 결과물을 제작할 수 있다. 학생들이 만든 결과물은 학급 유튜브, 패들렛과 같은 곳에 함께 모아서 시청하는 활동 시간을 갖는다. 제작된 영상들을 보며 친구들의 요약하기 결과물도 볼 수 있고, 피드백도 나눌 수 있다. 피드백을 통해 성취기준을 달성하기 어려워하는 학생들은 부족한 부분을 명확히 알 수 있게 되며, 다른 학생들의 영상 제작 방법 및 관점을 볼 수 있는 기회가 된다.

정리 활동

유튜브 콘텐츠와 같이 학생들이 제출한 영상에 '좋아요'를 표시하며 학생들 간에 상호 피드백과 동료평가를 해보는 시간을 갖도록 한다. 요약하는 방법을 간단히 정리하여 발표해보고, 생성형 AI의 요약처럼 중심 내용의 이해를 바탕으로 간략하지만 포괄적으로 글쓴이의 주장이 드러나게 요약하는 것이 중요함을 다시 설명한다. 마지막으로 브루로 숏폼 콘텐츠를 제작한 소감 및 앞으로의 활용 계획을 발표하며 수업을 마무리한다.

유용하게 사용할 수 있는
AI 교육 프로그램

		**구글 아트 앤 컬처**Google Arts & Culture AI 기술을 활용하여 사용자들에게 개인화된 학습 경험을 제공한다. 예를 들어 '예술 작품 탐색' 기능은 사용자의 취향과 관심사에 맞춰 추천작을 제시하며 '영감 받기' 기능은 다양한 주제와 스토리로 예술과 문화를 탐색할 수 있는 길잡이 역할을 한다.
		**달리 2**DALL-E 2 인공지능 예술 AI 시스템이다. 원하는 그림을 요구하면 그대로 그려주는 시스템으로 단점은 영어로 입력해야 한다는 것이다. 구글 번역기나 파파고 번역기를 사용하면 된다. 또한 유료로 이용할 수 있다.
		**마인크래프트**Minecraft 모든 것이 네모난 블록으로 이루어진 세계에서 혼자, 혹은 여럿이 생존하면서 건축, 사냥, 농사, 채집, PvP, 탐험, 회로 설계, 또는 직접 게임을 제작하는 등 정해진 목표 없이 자유롭게 즐길 수 있다. 다시 말해 Minecraft에는 정해진 목적과 스토리가 사실상 없다. 플레이어가 목적을 스스로 만들어내서 그것을 이루어야 재미를 느낄 수 있는 게임이다. 코딩을 시작하기 전 절차적 사고를 익히는 데 많은 도움이 되는 게임이다.
		**미드저니**Midjourney 이미지 생성 인공지능으로, 사용자가 입력한 텍스트나 이미지에 따라 새로운 그림을 생성해주는 기능이 있다. 중요한 점으로 잔인하거나 선정적인 단어가 들어간 명령은 AI가 자동으로 거부하기 때문에 교사가 가이드라인을 명확하게 제시한다면 사용하기 적절하다.

		### 블롭 오페라Blob Opera 구글이 개발한 인공지능 음악 플랫폼이다. 이 플랫폼은 실제 오페라 가수의 노래를 녹음하여 머신러닝 모델을 활용하여 창출한 오페라 노래를 생성하는 도구로 초등학생을 대상으로 한 음악 도구로 유용하다. Blob Opera는 테너, 베이스, 메조 소프라노, 소프라노의 네 가지 기본 오페라 성악 기법을 구성하고, 사용자는 이들 캐릭터를 드래그하여 자신만의 노래를 만들 수 있다. 이 독특한 플랫폼은 사용자가 인공지능을 통해 직접 작곡가가 된 기분을 느낄 수 있는 색다른 음악 체험을 제공한다.
		### 브루Vrew 문서 편집만큼 쉬운 영상 편집 프로그램이다. 홈페이지 위쪽에 사용법 익히기 아이콘을 누르면 동영상으로 기능이 설명되어 있어 초보자도 쉽게 배울 수 있다. 학생들도 1~2시간 내에 쉽게 원하는 영상을 편집할 수 있다.
		### 세미 컨덕터Semi-Conductor 브라우저를 통해 AI 오케스트라를 지휘하는 시스템이다. 학생들이 팔을 움직여 지휘를 할 수 있으나 캠카메라가 있어야 한다. 노트북이나 PC만 활용 가능하다.
		### 스크루블리Scroobly 디자인 전문 지식이나 코딩 없이 카메라로 실시간 재미있는 애니메이션을 만들 수 있다. 내가 그린 캐릭터를 내 행동에 따라 움직이게 만들어주는 프로그램이다. 카메라가 내장된 컴퓨터를 사용해야 한다.
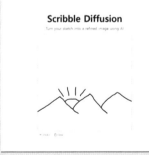		### 스크리블 디퓨전Scribble Diffusion 간단한 그림을 예술작품의 형태로 바꿔주는 도구다. 오토드로와 비슷한 도구이나 오토드로는 다양한 그림 중 자신이 원하는 그림과 가까운 그림을 선택하는 도구라면 스크리블 디퓨전은 자신의 그림을 나타내는 간단한 단어들을 프롬프팅하여 결과물을 도출할 수 있다. 오토드로보다 다양한 예술 표현이 가능해서 학생들이 완성된 작품에 대한 아이디어를 얻는 도구로 사용이 가능하다.

		오토드로 AutoDraw AutoDraw의 제안 도구는 QuickDraw에서 사용된 것과 동일한 기술을 사용하여 그림을 그리려는 것을 추측한다. 그림을 잘 못 그리는 학생도 간단하게 그리고 제안하는 그림을 선택하여 사용할 수 있다.
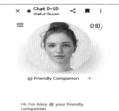		**챗 D-ID** Chat D-ID 스마트 기기를 이용해 편리하게 D-ID 사이트에 접속해 영어 말하기 연습을 할 수 있다. 모바일 구글을 통하여 D-ID 사이트(chat.d-id.com)에 접속하면 AI 챗봇 앨리스가 나온다. 구글 아이디를 이용하여 회원으로 가입하고 로그인을 하면 바로 작동되고 마이크에 접근 허용을 하면 그때부터 영어 스피킹을 할 수 있다.
		**챗 위드 애니 PDF** Chat with any PDF 교과서 제시글이 업로드 된 ChatPDF에 접속해 질문을 주고받을 수 있다. PDF 파일을 업로드하면 글에 대해 간략한 설명과 함께 자동으로 질문 3개를 만들어준다.
		**퀵드로** QUICK, DRAW 구글에서 무료로 제공하는 인공지능 기술이 적용된 웹드로잉 툴이다. 별도의 로그인이나 다운로드 과정 없이 인터넷을 이용해 드로잉 게임을 즐길 수 있다.
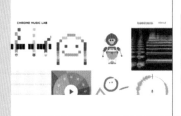		**크롬 뮤직 랩** Chrome Music Lab 음악과 사운드에 대한 학습을 쉽고 재미있게 만들어주는 온라인 플랫폼이다. 이 플랫폼은 여러 가지 다양한 음악 실험을 제공한다.

Teachable Machine

이미지, 사운드, 자세를 인식하도록 컴퓨터를 학습시키세요.

티처블 머신Teachable Machine

Teachable Machine은 구글에서 제공하는 머신러닝 학습 도구이며, 누구나 머신러닝 모델을 쉽고 빠르게 만들 수 있도록 제작된, 웹 기반 프로그램이다. 사용자들은 티처블 머신을 사용해 이미지, 사운드, 포즈를 분류하는 모델을 생성할 수 있고, 각각의 프로젝트는 샘플 수집, 학습, 미리보기 및 모델 내보내기 과정으로 이루어진다.

페인트 위드 뮤직Paint With Music

학생들이 미술 활동을 통해 음악을 만들 수 있게 해준다. 간단하게 그림을 그리는 것만으로도 고유한 멜로디와 리듬이 탄생한다. 이를 통해 학생들은 예술과 음악이 어떻게 상호작용하는지 체험하며 배울 수 있다. 또한 각각의 색깔과 붓질이 어떤 소리와 연결되는지 체험함으로써, 학생들이 사운드와 색상 사이의 관계를 이해하는 데 도움을 준다.

포킷pokeit

라이언로켓에서 개발한 인공지능 이미지 생성 및 공유 플랫폼이다. 유료 결제 시 더 많은 이미지를 생성할 수 있지만 무료 버전에서도 충분히 많은 작업을 할 수 있다. 그림책에선 동일 인물이 자주 등장하고 비슷한 그림체가 이어나가야 하는 특징을 충족시킬 수 있다. 포킷은 번역하기 버튼이 있어 편리하게 번역할 수 있다.

AI 포 오션스AI for Oceans

머신러닝의 원리를 체험해볼 수 있는 웹사이트다. 알록달록하고 귀여운 이미지와 해양오염에 대한 교육적인 메시지가 특징인 도구다. 장점으로는 로그인이나 회원가입이 필요 없고 무료이기 때문에 부담 없이 체험해볼 수 있으며 사용 방법도 매우 간단하다.

주석

1. https://openai.com/ko/policies/kr-privacy-policy-addendum

2. 빙챗과 나눈 대화에서 확인한 결과임. 공식 약관에는 사용 가능 연령이 명시되지 않음.
   https://www.bing.com/new/termsofuse

3. https://support.google.com/bard/answer/13278668?authuser=1&authuser=
   1&visit_id=638310269289317343-1570437770&p=reqs&rd=1#unsupported_
   account&zippy=%2Cbard-isnt-supported-for-this-account

4. https://www.upstage.ai/ver1-4-privacy-policy, Upstage사의 개인정보 처리 방침에는
   아동에게 서비스를 제공하지 않는다고 언급하지만, 실제 카카오톡 애스크업을 사용하는 것에는
   제약이 없다.

5. https://wrtn.ai/youthpolicy

6. 교육부 고시 제2022-33호(2022. 12. 22.)

7. 서울특별시교육청(2023). 생성형 AI 교육자료: ChatGPT 사례 중심으로. 86.

8. 교육부 고시 제2022-33호(2022. 12. 22.), [6도02-03] 인간과 인공지능 로봇 간의 다양한 관
   계를 파악하고 도덕에 기반을 둔 관계 형성의 필요성을 탐구한다.

9. 교육부 고시 제2022-33호(2022. 12. 22.), [6실05-04] 디지털 데이터와 아날로그 데이터의 특
   징을 이해하고, 인공지능에 활용할 수 있는 데이터의 유형이나 형태를 탐색한다.

10. Barr, Barth, Shermis, 1977: 67을 근거로 재구성.

11. 김현진, 박정호, 홍선주, 박연정, 김은영, 최정윤, 김유리(2020). 학교교육에서 AI 활용에 대한
    교사의 인식, 교육공학연구, 36(3), 905-930.

수업과 업무를 한 방에

AI와 함께하는 슬기로운 교사 생활

1판 1쇄 발행일 2024년 2월 26일 **1판 2쇄 발행일** 2024년 5월 22일

글 오창석, 이상용, 구나은, 김완근, 이은주, 송혁, 문재원
펴낸곳 (주)도서출판 북멘토 **펴낸이** 김태완
편집주간 이은아 **편집** 김경란, 조정우 **디자인** 퍼플트리, 안상준
마케팅 강보람, 민지원, 염승연
출판등록 제6-800호(2006. 6. 13.)
주소 03990 서울시 마포구 월드컵북로 6길 69(연남동 567-11) IK빌딩 3층
전화 02-332-4885 **팩스** 02-6021-4885

🌐 bookmentorbooks.co.kr ✉ bookmentorbooks@hanmail.net
📷 bookmentorbooks__ 🅑 blog.naver.com/bookmentorbook

ISBN 978-89-6319-570-4 03370